HANS HENNING LOHMANN

Die Zweckmäßigkeit der Ermessensausübung
als verwaltungsrechtliches Rechtsprinzip

Schriften zum Öffentlichen Recht

Band 199

Die Zweckmäßigkeit der Ermessensausübung als verwaltungsrechtliches Rechtsprinzip

Von

Dr. Hans Henning Lohmann

DUNCKER & HUMBLOT / BERLIN

Alle Rechte vorbehalten
© 1972 Duncker & Humblot, Berlin 41
Gedruckt 1972 bei Feese & Schulz, Berlin 41
ISBN 3 428 02772 8

Vorwort

Die Arbeit lag im Wintersemester 1971/1972 dem Fachbereich Rechtswissenschaft der Philipps-Universität Marburg als Dissertation vor. In der ursprünglichen Fassung waren Schrifttum und Rechtsprechung nach dem Stande vom Juni 1971 berücksichtigt. Nachweise neueren Datums habe ich im Rahmen der Überarbeitung bis einschließlich Juni 1972 nachgetragen.

Herrn Professor Dr. Hartmut Maurer danke ich für die aufmerksame Betreuung der Arbeit. Einigen Gewinn für das Thema konnte ich auch aus langen Gesprächen mit Herrn Professor Dr. Günther Bernert und Herrn Gerichtsreferendar Hans-Werner Alberts ziehen, denen ich an dieser Stelle herzlich danken möchte. Dank schließlich schulde ich der Konrad-Adenauer-Stiftung, die mich mit einem Promotionsstipendium gefördert, sowie Herrn Ministerialrat a. D. Dr. Johannes Broermann, der die Aufnahme dieser Arbeit in sein Verlagsprogramm ermöglicht hat.

Marburg/Lahn, im Juli 1972

Hans Henning Lohmann

Inhaltsverzeichnis

Einleitung 15

§ 1 *Das Problem zweckmäßiger Ermessensausübung und seine rechtliche Behandlung im Rahmen der verschiedenen Ermessenskonzeptionen* 19

§ 2 *Die rechtliche Determinierung der Ermessensentscheidung durch das Rechtsprinzip relativer Zweckmäßigkeit des Verwaltungshandelns* .. 24

    I. Die Differenzierung nach Zweckmäßigkeitsgraden 24

    II. Die Unterscheidung zwischen relativer und absoluter Zweckmäßigkeit in der Verwaltungsrechtslehre 24

        1. Das Rechtsprinzip der Zwecktauglichkeit 26
        2. Das Rechtsprinzip der Zulänglichkeit 26
        3. Das Rechtsprinzip der Erforderlichkeit 27
        4. Das Rechtsprinzip der Verhältnismäßigkeit 28

    III. Die Konsequenzen für das Ermessen 29

§ 3 *Das Problem der absoluten Zweckmäßigkeit bei der Ermessensentscheidung* 32

    I. Der innenrechtliche Aspekt der absoluten Zweckmäßigkeit von Ermessensentscheidungen 33

        1. Die Dienstpflicht des Beamten 33
        2. Die behördliche Zweckmäßigkeitsaufsicht 34

    II. Der außenrechtliche Aspekt 35

        1. Die Amtspflicht gegenüber einem Dritten (§ 839 BGB) 36
        2. Die Überprüfung der Zweckmäßigkeit im Widerspruchsverfahren nach §§ 68 ff. VwGO 38

§ 4 *Die Vereinbarkeit von Freiheitsspielraum und immanenten Ermessensschranken* 41

    I. Die Lehre von den immanenten Schranken des Ermessens 41

    II. Die Rechtsgrundlage der immanenten Schranken 43

        1. Organwalterpflicht 43
        2. Die Lehre vom „détournement de pouvoir" 44

    III. Kritik an der Lehre von den immanenten Schranken und eigenes Lösungsmodell 45

        1. Die Terminologie 45
        2. Das Problem des Ausmaßes gesetzlicher Gebundenheit beim Ermessen 46

      a) Die Einwirkung des Normzwecks auf die Ermessensausübung 47
      b) Die verschiedenen Theorien zur Wirkungsweise des Normzwecks, verdeutlicht am praktischen Beispiel 49
    3. Die Wirkungsweise des Normzwecks nach §§ 114 2. Alt. VwGO, 163 S. 1 2. Alt. BBauG und 102 FGO 51
    4. Das Argument autonomer Ermessensdeterminanten (verwaltungsmäßiger Zweckmäßigkeit) bei der Ermessensausübung .. 53
      a) Problemstellung und Meinungsstand 53
        aa) Die überlieferte Lehre 53
        bb) Abweichende Ansichten 55
      b) Die verfassungsrechtliche Analyse 59
        aa) Autonome Ermessensdeterminanten und Gesetzmäßigkeitsprinzip 60
        bb) Autonome Ermessensdeterminanten und Bestimmtheitsgrundsatz 65
        cc) Autonome Ermessensdeterminanten und Gewaltenteilungsprinzip 65
        dd) Autonome Ermessensdeterminanten und Rechtsschutzgarantie 66
      c) Das Ergebnis in der Frage der Ermessensdeterminanten .. 66
    5. Grenzen verwaltungsgerichtlicher Kontrolle als materiellrechtliche Argumentationsbasis 68
      a) Die gerichtliche Praxis 69
      b) Die „Lähmungstheorie" 70
      c) Das Argument der „Doppelverwaltung" 70
      d) Das Argument vorgegebener Erkenntnisgrenzen 72
      e) Die „subjektive Schwankungsbreite" der möglichen Meinungen als Argument 72
      f) Der Sachverstand der Verwaltung als Argument 73
    6. Die Bedeutung von Motivationsmängeln bei gleichzeitiger rechtlicher Gebundenheit im objektiven Bereich 74

§ 5 *Ermessensfreiheit und unbestimmter Rechtsbegriff* 77

  I. Die Ausklammerung der unbestimmten Rechtsbegriffe aus dem Ermessen 77

  II. Der Grund für die Ausklammerung der unbestimmten Rechtsbegriffe aus dem Ermessen und die dadurch entstehende Problematik 80

  III. Vergleich von Ermessen und unbestimmtem Rechtsbegriff 82
    1. Die definitorische Gleichsetzung in der älteren Lehre und die gesetzgeberische Motivationslage 82
    2. Strukturanalyse 87
      a) Der Gegensatz kognitiv — volitiv als Kriterium 87
      b) Das Problem der rechtlichen „Verknüpfung" 88

§ 6 *Die prozessualen Konsequenzen* 91

  I. Richterliche Zweckmäßigkeitskontrolle als Konsequenz 91

II. Die Anforderungen an die Zweckmäßigkeitskontrolle 93
     1. Die Theorie vom richterlichen Takt 94
     2. Die Bindung richterlicher Überzeugungsbildung durch die Vermutung der Rechtmäßigkeit vertretbarer Ermessensentscheidungen 94
  III. Die Vorteile der „prozessualen Lösung" gegenüber der herrschenden Lehre 99
     1. Die rechtliche Behandlung der evident unzweckmäßigen (unvertretbaren) Ermessensentscheidung 99
     2. Die rechtliche Behandlung der objektiv zweckmäßigen oder vertretbaren Ermessensentscheidung 101
        a) Das Problem des „Nachschiebens von Gründen" bei Ermessensentscheidungen 101
        b) Das Problem des „Vorwandes" 102

§ 7 *Ergebnis der Untersuchung und Ausblick auf die rechtliche Bedeutung der Zweckmäßigkeit im Bereich des „ius strictum"* 104

  I. Ermessen als besonderer Fall gebundenen Gesetzesvollzugs 104
  II. Die rechtliche Bedeutung der Zweckmäßigkeit beim gebundenen Gesetzesvollzug im übrigen (ius strictum im engeren Sinne) 106

Schrifttumsverzeichnis 109

Abkürzungsverzeichnis

a. E.	= am Ende
a. F.	= alter Fassung
Alt.	= Alternative
AO	= Reichsabgabenordnung von 1919 i. d. F. vom 22. Mai 1931
AöR	= Archiv des öffentlichen Rechts (zit. nach Band und Seite)
AS	= Amtliche Sammlung
AuslG	= (Bundes-)Ausländergesetz vom 28. April 1965
BaWüVBl.	= Baden-württembergisches Verwaltungsblatt (zit. nach Jahr und Seite)
bayGO	= Gemeindeordnung für den Freistaat Bayern vom 25. Januar 1952
BayVBl.	= Bayerische Verwaltungsblätter (zit. nach Jahr und Seite)
bayPAG	= Gesetz über die Aufgaben und Befugnisse der Polizei in Bayern von 1954 i. d. F. vom 3. April 1963
bayVerfGH	= Verfassungsgerichtshof für den Freistaat Bayern
bayVGH	= Bayerischer Verwaltungsgerichtshof
BB	= Der Betriebsberater (zit. nach Jahr und Seite)
BBauG	= Bundesbaugesetz vom 23. Juni 1960
BBG	= Bundesbeamtengesetz von 1953 i. d. F. vom 22. Oktober 1965
BFH	= Bundesfinanzhof
BFernStrG	= Bundesfernstraßengesetz von 1953 i. d. F. vom 6. August 1961
BGB	= Bürgerliches Gesetzbuch vom 18. August 1896
BGHZ	= Entscheidungen des Bundesgerichtshofs in Zivilsachen (zit. nach Band und Seite)
bremPG	= bremisches Polizeigesetz vom 5. Juli 1960
BRRG	= (Bundes-)Rahmengesetz zur Vereinheitlichung des Beamtenrechts (Beamtenrechtsrahmengesetz) von 1957 i. d. F. vom 22. Oktober 1965
BStBl.	= Bundessteuerblatt (zit. nach Jahr, Teil und Seite)
BVerfG	= Bundesverfassungsgericht
BVerwG	= Bundesverwaltungsgericht
bwGO	= Gemeindeordnung für Baden-Württemberg vom 25. Juli 1955
bwLVG	= baden-württembergisches Landesverwaltungsgesetz vom 7. November 1955
bwPG, bwPolG	= baden-württembergisches Polizeigesetz vom 21. November 1955

DBG	=	Deutsches Beamtengesetz vom 26. Januar 1937, aufgehoben durch § 199 I Ziff. 2 BBG bzw. LBG
DRiZ	=	Deutsche Richterzeitung (zit. nach Jahr und Seite)
DöH	=	Der öffentliche Haushalt (zit. nach Jahrgang und Seite)
DStR	=	Deutsche Steuer-Rundschau (zit. nach Jahr und Seite)
DurchfVO	=	Durchführungsverordnung
DVBl.	=	Deutsches Verwaltungsblatt (zit. nach Jahr und Seite)
E	=	Amtliche Sammlung der Entscheidungen des davor genannten Gerichts
EGKS-Vertrag	=	Vertrag über die Gründung der Europäischen Gemeinschaft für Kohle und Stahl vom 18. April 1951
Erl.	=	Erläuterung
EVwVerfG	=	Musterentwurf eines Verwaltungsverfahrensgesetzes mit Begründung (EVwVerfG 1963), Köln und Berlin 1964
FGO	=	(Bundes-)Finanzgerichtsordnung vom 6. Oktober 1965
FlurBG	=	(Bundes-)Flurbereinigungsgesetz vom 14. Juli 1953
GastG	=	Gaststättengesetz vom 28. April 1930 (a. F.) bzw. vom 5. Mai 1970 (n. F.)
Gem. Komm.	=	Gemeinschaftskommentar zum GWB, hrsg. von Müller-Henneberg-Schwartz
GewArch	=	Gewerbearchiv (zit. nach Jahr und Seite)
GewO	=	Gewerbeordnung für das Deutsche Reich von 1869 i. d F. vom 26. Juli 1900
GG	=	Grundgesetz für die Bundesrepublik Deutschland vom 23. Mai 1949
Grünhut	=	Grünhuts Zeitschrift für das Privat- und öffentliche Recht der Gegenwart (zit. nach Band und Seite)
GWB	=	Gesetz gegen Wettbewerbsbeschränkungen von 1957 i. d. F. vom 3. Januar 1966
h. L.	=	herrschende Lehre
HSOG	=	Hessisches Gesetz über die öffentliche Sicherheit und Ordnung vom 17. Dezember 1964
i. d. F.	=	in der Fassung
i. d. R.	=	in der Regel
i. e. S.	=	im engeren Sinne
i. S.	=	im Sinne
i. w. S.	=	im weiteren Sinne
JöR	=	Jahrbuch des öffentlichen Rechts der Gegenwart (zit. nach Band und Seite)
JR	=	Juristische Rundschau (zit. nach Jahr und Seite)
JuS	=	Juristische Schulung (zit. nach Jahr und Seite)
JZ	=	Juristenzeitung (zit. nach Jahr und Seite)
LAG	=	(Bundes-)Gesetz über den Lastenausgleich von 1952 i. d. F. vom 1. Dezember 1965
LB	=	Lehrbuch
LBG	=	Landesbeamtengesetz

Abkürzungsverzeichnis

LBO	= Landesbauordnung
LM	= Das Nachschlagwerk des Bundesgerichtshofs in Zivilsachen, hrsg. von Lindenmaier und Möhring (zit. nach Gesetzesstelle und Entscheidungsnummer)
LVG	= Landesverwaltungsgericht
MDR	= Monatsschrift für deutsches Recht (zit. nach Jahr und Seite)
MRVO	= Verordnung der Militärregierung
NamÄndG	= (Reichs-)Gesetz über die Änderung von Familiennamen und Vornamen vom 5. Januar 1938
nds. SOG	= niedersächsisches Gesetz über die öffentliche Sicherheit und Ordnung vom 21. März 1951
n. F.	= neuer Fassung
NJW	= Neue Juristische Wochenschrift (zit. nach Jahr und Seite)
Nw, nw	= Nordrhein-Westfalen, nordrhein-westfälisch
nwLOG	= nordrhein-westfälisches Gesetz über die Organisation der Landesverwaltung (Landesverwaltungsgesetz) vom 10. Juli 1962
nwLWG	= nordrhein-westfälisches Landeswassergesetz vom 22. Mai 1962
nwOBG	= nordrhein-westfälisches Gesetz über Aufgaben und Befugnisse der Ordnungsbehörden (Ordnungsbehördengesetz) vom 16. Oktober 1956
OVG	= Oberverwaltungsgericht
PAG	= siehe bayPAG
PBefG	= (Bundes-)Personenbeförderungsgesetz vom 21. März 1961
Pr, pr	= Preußen, preußisch
PrPVG	= preußisches Polizeiverwaltungsgesetz vom 1. Juni 1931
RAO	= siehe AO
RFH	= Reichsfinanzhof
RGaO	= (Reichs-)Verordnung über die Garagen und Einstellplätze (Reichsgaragenordnung) vom 17. Februar 1939
RGZ	= Entscheidungen des Reichsgerichts in Zivilsachen (zit. nach Band und Seite)
RHO	= Reichshaushaltsordnung von 1922 i. d. F. vom 14. April 1930
RhPf, rhpf	= Rheinland-Pfalz, rheinland-pfälzisch
rhpfLWG	= rheinland-pfälzisches Landeswassergesetz vom 1. August 1960
rhpfPVG	= rheinland-pfälzisches Polizeiverwaltungsgesetz vom 26. März 1954
RN	= Randnummer
Rspr.	= Rechtsprechung
RStBl.	= Reichssteuerblatt (zit. nach Jahr und Seite)
RVBl.	= Reichsverwaltungsblatt (zit. nach Band und Seite)
SJZ	= Süddeutsche Juristenzeitung (zit. nach Jahr und Spalte)
StAnpG	= (Reichs-)Steueranpassungsgesetz vom 16. Oktober 1934

StbJb	=	Steuerberaterjahrbuch (zit. nach Jahr und Seite)
StuW	=	Steuer und Wirtschaft (zit. nach Jahr und Spalte)
VersR	=	Versicherungsrecht (zit. nach Jahr und Seite)
VerwArch	=	Verwaltungsarchiv (zit. nach Band und Seite)
VerwRspr.	=	Verwaltungsrechtsprechung in Deutschland (zit. nach Band, Nummer und Seite)
VG	=	Verwaltungsgericht
VGH	=	Verwaltungsgerichtshof
VVDStRL	=	Veröffentlichungen der Vereinigung der Deutschen Staatsrechtslehrer (zit. nach Heft und Seite)
VwGO	=	Verwaltungsgerichtsordnung vom 21. Januar 1960
WuW	=	Wirtschaft und Wettbewerb (zit. nach Jahr und Seite)
ZBR	=	Zeitschrift für Beamtenrecht (zit. nach Jahr und Seite)
ZPO	=	Zivilprozeßordnung von 1877 i. d. F. vom 12. September 1950

Einleitung

Zusammenhängende Darstellungen, die sich mit der rechtlichen Relevanz des Zweckmäßigen beim Verwaltungshandeln befassen, fehlen fast völlig. Die Untersuchung *Walter Jellineks* zum Verhältnis von Gesetz und Zweckmäßigkeit[1] liegt nun schon einige Zeit zurück. Was die neuere Literatur anlangt, so ist man angewiesen auf punktuelle und flüchtige Hinweise, weithin verstreut über Lehrbücher und Monographien des Verwaltungsrechts. Hinzu kommt, daß auch die rechtsdogmatische Behandlung benachbarter Themen wie des „Gemeinwohls" oder des „öffentlichen Interesses" noch nicht weit genug gediehen ist, um speziell für das Problem der Zweckmäßigkeit meßbaren Ertrag abwerfen zu können[2].

Dieser Befund nimmt einigermaßen wunder angesichts des überragenden Stellenwerts, den die Zweckmäßigkeit des Verwaltungshandels allgemein genießt. Dem Soziologen gilt die bürokratische Verwaltung als die „rein technisch zum Höchstmaß der Leistung vervollkommenbare, rationalste Form der Herrschaftsausübung"; ohne sie kann der moderne Staat nicht auskommen[3]. Entsprechend sieht der Staatstheoretiker in der Zweckmäßigkeit einen spezifischen Maßstab der Verwaltung, an dem sich diese bei der Verfolgung des aufgegebenen Wohlfahrtsziels orientiert[4]. In der Verwaltungslehre schließlich bildet die Zweckmäßigkeit das zentrale und beherrschende Thema schlechthin. Hier ist von Grundsätzen die Rede wie: Rationalität[5], Sachgerechtigkeit[6], Koordination[7], Wirtschaftlichkeit[8], Sparsamkeit[9],

---

[1] Gesetz, Gesetzesanwendung und Zweckmäßigkeitserwägung, 1913.

[2] Die neueste Arbeit zu diesem Thema stammt von *Häberle:* Öffentliches Interesse als Juristisches Problem, 1970.

[3] *Max Weber*, WuG 1. Halbbd., S. 128; ähnlich *Zippelius*, Allgemeine Staatslehre, S. 202.

[4] *Krüger*, Allgemeine Staatslehre, S. 733, 735.

[5] Dazu: *Morstein Marx*, Einführung in die Bürokratie, S. 48 ff.; *Simon*, Das Verwaltungshandeln, S. 43 ff.; *Thieme*, Verwaltungslehre, RN 892 (S. 249); *Wagener*, Der Neubau der Verwaltung, S. 5.

[6] Dazu: *Morstein Marx*, Das Dilemma des Verwaltungsmannes, S. 161 ff.; ders. in: Verwaltung, S. 227 f. (228); *Kunze* in: *Morstein Marx*, Verwaltung, S. 229 ff.

[7] Dazu: *Kunze*, aaO. S. 230/31; ferner *Morstein Marx*, Das Dilemma des Verwaltungsmannes, S. 177 sowie *Breuckmann* in: *Morstein Marx*, Verwaltung, S. 215 ff. (217).

Vereinfachung[10], Effizienz[11]. All diese Maximen sind nur besondere Ausprägungen jenes allgemeinen Rational- oder Zweckmäßigkeitsmodells, für das die Erzielung größtmöglicher Erfolge bei vergleichsweise geringstem Aufwand charakteristisch ist[12].

Daß demgegenüber die Verwaltungsrechtsdogmatik dem Gegenstand der Zweckmäßigkeit so wenig Interesse entgegenbringt, hat seine Ursache in dem festgefahrenen und nur wenig reflektierten Dogma von der außerrechtlichen Natur des Zweckmäßigen. So formulierte *Rudolf von Ihering:* „Auf dem Gegensatz der beiden Ideen: der ihrer Natur nach gebundenen Gerechtigkeit und der ihrer Natur nach freien Zweckmäßigkeit beruht der innere Gegensatz zwischen der Rechtspflege und der Verwaltung (Regierung)[13]." Auch heute noch pflegt man mit einiger Selbstverständlichkeit von einer schier unversöhnlichen Antinomie zwischen Rechtmäßigkeit und Zweckmäßigkeit auszugehen[14]. Gesetzliche Bestimmungen wie § 68 I VwGO („Rechtmäßigkeit und Zweckmäßigkeit des Verwaltungsaktes sind in einem Vorverfahren nachzuprüfen") fördern diese Einstellung. Das eigentliche Problem gerät dadurch aus dem Blickfeld: die Frage nämlich, inwieweit Rechtmäßigkeit und Zweckmäßigkeit nach Art zweier überschneidender Kreise sich decken[15]. Wie jeder andere Gegenstand kann auch die Zweckmäßigkeit — oder besser: eine bestimmte Art von Zweckmäßigkeit — vom Recht rezipiert, „verrechtlicht" sein. Aufgabe der Verwaltungsrechtsdogmatik ist es, die insoweit vorhandenen Ansätze im positiven Recht aufzuspüren und zu allgemeinen Grundsätzen auszubauen.

Die bislang unternommenen Vorstöße in diese Richtung sind unzureichend. Hin und wieder ist vom „Umschlag" des Zweckmäßigen ins Rechtliche die Rede, der sich anscheinend in Fällen gröbster Un-

---

[8] Vgl. *Thieme,* aaO. RN 996 ff. (S. 280 ff.); *Hüttl* in: *Morstein Marx,* Verwaltung, S. 282 ff.; *Wagener,* aaO. S. 299 ff.; *Hettlage* in: *Badenhoop,* Verwaltung, S. 38 ff.

[9] Vgl. *Hüttl,* aaO. S. 289; *Hettlage,* aaO. S. 39 ff.

[10] Dazu: *Wagener,* aaO. S. 5; *Hertel,* DöH Jg. 5 (1958/59), S. 145 ff.

[11] Dazu: *Simon,* aaO. S. 111 ff.; *Wagener,* aaO. S. 4 f.; *Isensee,* Subsidiaritätsprinzip, S. 311 ff.; ders. DÖV 1970, 397 ff. (404 f.). Zur „efficiency" in der amerikanischen Verwaltungslehre siehe *Morstein Marx,* Amerikanische Verwaltung, S. 163.

[12] In diesem Sinne zum allgemeinen Rationalprinzip: *Max Weber,* WuG, S. 32; *Heller,* Staatslehre, S. 212.

[13] *v. Jhering,* Der Zweck im Recht 1. Bd., S. 388. Eine rechtstheoretische Begründung des Dogmas von der Staatszwecklehre her findet sich bereits bei *Friedrich Julius Stahl,* Philosophie des Rechts 2. Bd., S. 607 ff.

[14] Vgl. etwa *Weides,* JuS 1964, 483 ff. (484): „Sachgerechtigkeit" als Gegensatz zur „Rechtsgerechtigkeit".

[15] Die Möglichkeit, daß „Zweckmäßigkeit" in § 68 I VwGO auch als Unterfall der zuerst genannten Rechtmäßigkeit verstanden werden könnte, betont *Löwer,* MDR 1965, 92 ff. (93).

zweckmäßigkeit ereignen soll[16]. Verräterisch ist schon die Terminologie. Die „Umschlagtheorie" wird — wie die Lehre zum besonderen Gewaltverhältnis zeigt — immer dann eingesetzt, wenn es gilt, die tradierte Vorstellung rechtsfreier Verwaltungsräume in das Gefüge des geltenden Verfassungsrechts einzupassen und durch Zugeständnisse zu konservieren. Die damit verbundenen Fehlleistungen sind bereits von berufener Seite kritisiert worden[17].

Darüber hinaus fehlt es auch an jeder inhaltlichen Präzisierung des Zweckmäßigkeitsbegriffs, die doch für eine rechtsdogmatische Erfassung unerläßlich ist. Je nachdem, welche Zweckvorstellung zugrunde liegt und wie weitgehend Nebenfolgen des Handelns für andere Zielsetzungen der Verwaltung berücksichtigt werden[18], fällt das Zweckmäßigkeitsurteil hinsichtlich ein- und derselben Handlung unterschiedlich aus. Verglichen mit einem weitgespannten „Zweckhorizont" eignet einer beschränkten Zweckbetrachtung ein entsprechend engerer Zweckmäßigkeitsmaßstab. Es kommt daher darauf an, die möglichen Bezugsrahmen des Zweckmäßigkeitsurteils beim Verwaltungshandeln, die durch Gesetz, Haushaltsplan oder Verfassung abgesteckt sein können, klar zu kennzeichnen. Nur dann haben rechtstheoretische Aussagen über die Zweckmäßigkeit einen Wert.

Damit trifft sich eine weitere notwendige Unterscheidung. Das Verwaltungshandeln pflegt in „gesetzesfreies" und „gesetzesakzessorisches" Handeln aufgeteilt zu werden[19]; letzteres wiederum gliedert sich in „strikt gebundenen" und „gelenkten" Gesetzesvollzug (Ermessen)[20]. Von dieser Einteilung muß man — zumindest vorläufig — auch bei der rechtlichen Behandlung der Zweckmäßigkeit ausgehen.

Im Bereich der gesetzesfreien („frei gestaltenden") Verwaltung macht sich die Zweckmäßigkeit am eindrucksvollsten bemerkbar. Sie tritt hier vor allem unter dem Stichwort „Wirtschaftlichkeit", „Effizienz" in Erscheinung, Maßstäben also, die sich unmittelbar an das allgemeine Prinzip rationalen Handelns anlehnen. Mit gegebenen Mitteln den größt-

---

[16] So *Krüger*, Festgabe für Smend (1952), S. 211 ff. (230 ff.); ders. Allgemeine Staatslehre, S. 735 ff. Ferner *Häberle*, Öffentliches Interesse, S. 455 f. Fußn. 114.

[17] So von *Rupp*, Grundfragen, S. 19 ff., insbes. S. 31 ff.

[18] Der Idee nach entspricht dem Modell optimalen Verwaltungshandelns die Rücksichtnahme auf schlechthin *alle* aktuellen und potentiellen Verwaltungsziele. Praktisch aber ist man immer zu einer gewissen „Folgenneutralisation" gezwungen. Vgl. dazu *Luhmann*, VerwArch 51 (1960), S. 97 ff.

[19] *Georg Jellinek*, Allgemeine Staatslehre, S. 616; *Stern*, Ermessen und Ermessensausübung, S. 15; *H. J. Wolff*, Verwaltungsrecht I, § 31 (S. 162 f.); *Ossenbühl*, DÖV 1970, 84 ff. (89); *Salzwedel*, VVDStRL 22, 206 ff. (219 f.); *Peters*, Festschr. für Hans Huber, S. 206 ff.; *Reuß*, DÖV 1967, 217 ff. (218).

[20] *Stern*, aaO. S. 19; *Salzwedel*, aaO. S. 219 f.

möglichen Erfolg oder mit geringstmöglichen Mitteln den vorgegebenen Erfolg erzielen: das sind die denkbaren Spielarten optimalen Handelns, in deren Handhabung auch der Gedanke von Wirtschaftlichkeit und Effizienz Erfüllung findet[21]. Das Wirtschaftlichkeitsprinzip ist ausdrücklich in § 45 I der Bundeshaushaltsordnung verankert, was dem früher geltenden § 26 I RHO entspricht. Zu erwähnen sind ferner die gerade in neuerer Zeit unternommenen Versuche, das Effizienzprinzip rechtlich zu fundieren[22]. Trotz dieser Ansätze ist die rechtliche Qualifizierung des Zweckmäßigen im Bereich gesetzesfreien Verwaltungshandelns äußerst diffizil[23]. Auf ein derart schwieriges Parkett wird man sich erst dann begeben können, wenn die rechtliche Bedeutung der Zweckmäßigkeit beim gesetzes*akzessorischen* Verwaltungshandeln geklärt ist.

Die vorliegende Arbeit bemüht sich um solche Klärung. Die Untersuchung ist freilich auf den Bereich des Ermessens beschränkt. Das bedeutet nicht, daß das Problem der Zweckmäßigkeit in rechtlicher Hinsicht nicht auch im Rahmen des sog. strikt gebundenen Gesetzesvollzugs bestehen könnte. Nur bietet gerade das Ermessen einen geeigneteren und vertrauteren Ansatzpunkt der Problemerörterung. Ohnehin wird sich im Laufe der Untersuchung die Notwendigkeit ergeben, beide Formen des gesetzesakzessorischen Verwaltungshandelns vergleichend gegenüberzustellen. Von daher werden auch Konsequenzen für den „strikt gebundenen" Gesetzesvollzug gezogen werden können[24].

---

[21] Zum Wirtschaftlichkeitsprinzip in diesem Sinne: *Hüttl* in *Morstein Marx*, Verwaltung, S. 282 ff. (288); *ders.* in: 250 Jahre Rechnungsprüfung, S. 205 ff. (214); *Luhmann*, VerwArch 51 (1960), 97 ff. (97/98); *ders.* Recht und Automation in der öffentlichen Verwaltung, S. 119; *Wagener*, Der Neubau der Verwaltung, S. 299; *Pfennig*, DVBl. 1966, 841 ff. (841).
Zum Effizienzprinzip: *Simon*, Das Verwaltungshandeln, S. 111 ff.; *Wagener*, aaO. S. 4 ff.; *Isensee*, Subsidiaritätsprinzip, S. 311 ff.; *ders.* DÖV 1970, 397 ff. (404 f.); *Leisner*, Öffentlichkeitsarbeit, S. 165; *ders.* Effizienz als Rechtsprinzip, Tübingen 1971. Vgl. auch *Achterberg*, Der Staat 1969, 159 ff. (168 ff.).
[22] *Leisner*, Effizienz als Rechtsprinzip; *Isensee*, DÖV 1970, 404 f.
[23] Vgl. etwa die Bedenken, die *Luhmann* (Recht und Automation, S. 118 f.) gegen die Juridifizierbarkeit des Wirtschaftlichkeitsprinzips vorbringt.
[24] Vgl. den Ausblick am Schluß der Arbeit unter § 7 II.

§ 1 Das Problem zweckmäßiger Ermessensausübung und seine rechtliche Behandlung im Rahmen der verschiedenen Ermessenskonzeptionen

Die überragende Rolle der Zweckmäßigkeit beim „gelenkten" Gesetzesvollzug ergibt sich bereits aus dem äußeren Erscheinungsbild der „Ermessensnorm". Dieses ist, seitdem die h. L. die vollständige Eliminierung der „unbestimmten Rechtsbegriffe" aus dem Ermessen vollzogen hat, dadurch gekennzeichnet, daß die Norm bei einer Tatbestandsverwirklichung wenigstens zwei verschiedene Rechtsfolgen vorsieht und abstrakt zur Wahl stellt[1]. Es fehlt die dem „strikt gebundenen" Gesetzesvollzug eigentümliche Festlegung der Verwaltung auf eine einzige Verhaltensalternative. Die fehlende begriffliche Fixierung ermöglicht der Verwaltung die flexible Anpassung ihrer Handlungsweise an den jeweiligen Lebenssachverhalt. Das ist denn auch anerkanntermaßen der Sinn der Ermessensnorm[2]. Weil ohne umständliche und notwendig lückenhafte Kasuistik sich nicht schon abstrakt sagen läßt, welches Verhalten dem Einzelfall am gerechtesten wird, verzichtet der Gesetzgeber auf eine starre Regelung und überläßt es der Verwaltung, im konkreten Fall die zweckmäßigste Lösung zu bestimmen. Das Ziel jeder Ermessensausübung ist es also, von den durch die Rechtsfolgenseite der Ermessensnorm zugelassenen Verhaltensweisen die zweckmäßigste zu verwirklichen[3].

Die Frage ist, wie diese Zweckmäßigkeit bei der Ermessensausübung rechtlich zu qualifizieren ist. Von der Funktion der Ermessensnorm her steht lediglich fest, daß die Verwaltung *befugt* sein muß, die im Einzelfall angemessenste Verhaltensalternative zu ergreifen. Dagegen bleibt

---

[1] *Obermayer*, NJW 1963, 1177 ff. (1179). Obermayer unterscheidet „aktuelle" und „potentielle" Ermessensnormen. Erstere stellen als Kann- oder Sollvorschriften oder alternativisch gefaßte Bestimmungen dem rechtsanwendenden Verwaltungsorgan *generell* eine Mehrheit von Verhaltensweisen zur Verfügung; bei letzteren soll sich diese Mehrheit erst im Einzelfall aus der Verwendung eines unbestimmten Rechtsfolgebegriffs ergeben.

[2] Vgl. die im Wortlaut im einzelnen voneinander abweichenden, sachlich aber übereinstimmenden Formulierungen etwa bei: *Loppuch*, DÖV 1952, 111 ff. (111); *Wolff*, Verwaltungsrecht I, § 31 II a (S. 169); *Lerche*, Art. Ermessen in: Staatslexikon Bd. 3, S. 12 ff. (14); *Felix*, Ermessensausübung, S. 18 f.; *Bachof*, VVDStRL 12, 37 ff.

[3] *Obermayer*, NJW 1963, 1177 ff. (1181); *ders.* Grundzüge, S. 45.

offen, wie es um eine entsprechende rechtliche *Bindung* im Bereich zweckmäßiger Ermessensentscheidungen bestellt ist. Theoretisch sind folgende Möglichkeiten denkbar:

a) Es könnte einmal der Mangel fehlender gesetzlicher Festlegung der zweckmäßigsten Verhaltensalternative gleichsam „kompensiert" werden durch die sodann „einspringende" Rechtspflicht der Verwaltung, ihrerseits das im konkreten Einzelfall zweckmäßigste Mittel zu bestimmen und anzuwenden. Der abstrakt eingeräumten Wahlfreiheit entspräche dann nicht eine Wahlfreiheit auch in concreto. Vielmehr wäre im Hinblick auf die jeweilige Sachverhaltsgestaltung nur eine Entscheidung, eben die zweckmäßigste, rechtlich richtig. Dieses Denkmodell geht also aus von der Verrechtlichung des Zweckmäßigen bei der Anwendung von Ermessensnormen.

b) Die andere Möglichkeit besteht darin, der abstrakt eingeräumten Wahlmöglichkeit auch im konkreten Einzelfall grundsätzlich die Möglichkeit freier Wahl korrespondieren zu lassen. Eine Verrechtlichung des Zweckmäßigen in dem Sinne, daß die Verwaltung mit der Folge rechtlicher Kontrolle und Überprüfbarkeit zur Wahl des vergleichsweise zweckmäßigsten Mittels verpflichtet sei, findet nicht statt. Die Ermessensnorm ermächtigt und suspendiert zugleich die Verwaltung von rechtlicher Bindung.

Es ist kein Geheimnis, daß die ganz herrschende Lehre den letztgenannten Standpunkt vertritt. Er schlägt sich nieder in jenen Begriffsbestimmungen zum Ermessen, die auf Merkmale verweisen wie: „Wahlfreiheit"[4], „rechtliche Ungebundenheit"[5], „rechtliche Gleichwertigkeit mehrerer Entscheidungen" (Nichtgeltung des Prinzips der nur einen richtigen Entscheidung)[6], „Maßgeblichkeit der behördlichen Entscheidung"[7], „Ermächtigung zu eigener Rechtsetzung"[8]. Das Recht gibt nach h. L. auch derjenigen Verhaltensalternative nicht den Vorzug, die sich im konkreten Einzelfall — verglichen mit den sonst noch möglichen

---

[4] *v. Laun,* Festschr. f. Kraus, S. 128 ff. (139); *Reuss,* DVBl. 1953, 585 ff. (585); *ders.* DÖV 1954, 55 ff. (56); *Lerche,* Art. Ermessen in: Staatslexikon Bd. 3, S. 12 ff. (12); *Obermayer,* Grundzüge, S. 42 f.; *ders.* NJW 1963, 1177 ff. (1177); *Klinger,* § 42 Anm. G I 1 (S. 213); *Stein,* Wirtschaftsaufsicht, S. 107; *Ossenbühl,* Verw. Vorschriften und Grundgesetz, S. 315 f.; *ders.* DÖV 1968, 618 ff. (619), jeweils mit umfangreichen Nachweisen; *Schmidt-Salzer,* VerwArch 60 (1969), 261 ff. (267).

[5] *Peters,* LB der Verwaltung, S. 10.

[6] *Eyermann-Fröhler,* VwGO, § 114 RN 7; *Korbmacher,* DÖV 1965, 696 ff. (697); OVG RhPf, GewArch 66, 274 f. (274).

[7] *Nebinger,* Verwaltungsrecht, S. 224/225; *Bachof,* SJZ 1948, 742 ff. (743); *ders.* Vornahmeklage, S. 69. Vom „letztverbindlichen Entscheidungsraum der Verwaltung" beim Ermessen ist die Rede bei: *Stern,* Ermessen, S. 19; *Schmidt-Salzer,* Beurteilungsspielraum, S. 9.

[8] *Korbmacher,* aaO. S. 697.

§ 1 Bedeutung der Zweckmäßigkeit in den Ermessenskonzeptionen

Verhaltensweisen — als die zweckmäßigere erweist; umgekehrt bewirkt die Wahl einer weniger zweckmäßigen („zweckwidrigen") Alternative nicht deren Rechtswidrigkeit[9]. Ein Anspruch des Bürgers auf die zweckmäßigste Ermessensentscheidung scheidet danach von vornherein aus[10]. Der rechtswidrigen Maßnahme, gegenüber welcher der Rechtsweg eröffnet ist, wird die bloße „Verwaltungswidrigkeit" kontrastiert, die allenfalls im Wege der behördlichen Zweckmäßigkeitsaufsicht einer Korrektur unterliegt[11]. In all dem zeigt sich deutlich das Dogma von der metarechtlichen Natur des Zweckmäßigen.

Demgegenüber gibt es nun in der neueren Ermessenslehre Stimmen, die mit dem zuerst angeführten Standpunkt der Verrechtlichung des Zweckmäßigen bei der Ermessensausübung sympathisieren oder völlig übereinstimmen. Der Gedanke einer „Kompensation" der abstrakten Wahlmöglichkeit durch die Rechtspflicht zu zweckmäßigstem Handeln im Einzelfall wird gerade auf der Praktikerseite vertreten. So hat *Czermak* sehr pointiert ausgesprochen, daß der Rechtsfolgeteil einer jeden Ermessensnorm implizit die Aufforderung an die Behörde enthalte, „unter den beschriebenen Voraussetzungen (Ermächtigungstatbestand) von den zur Verfügung gestellten beiden (oder mehreren) Entscheidungsformen jeweils diejenige zu wählen, die den Besonderheiten des gerade vorliegenden Einzelfalles *am besten* entspricht"[12]. Ähnlich meinen *Loppuch*[13] und *Kopp*[14], die Verwaltung sei bei der Anwendung von Ermessensnormen rechtlich verpflichtet, die dem jeweiligen Einzelfall *gerecht* werdende Entscheidung zu treffen. Mit solchen Thesen verträgt sich nicht die Annahme von „Wahlfreiheit" und „rechtsfreien Räumen" beim Ermessen[15]. Auch ist hiernach Ermessensausübung nicht *Rechtsetzung*, sondern voll und ganz *Rechtsanwendung*[16]. Diese vom

---

[9] *v. Laun*, Das Recht zum Gewerbebetrieb, S. 21; *Peters*, Verwaltungsrecht, S. 11; *Obermayer*, Grundzüge, S. 46, 49; ders. NJW 1963, 1177 ff. (1182); *Weides*, JuS 1964, 112 ff. (117); *Zweigert* in: Gemeinschaftskommentar zum GWB, § 70 Anm. 10 (S. 1030); *Bender*, Allgem. Verwaltungsrecht, S. 117.

[10] *Wolff*, Verwaltungsrecht I, § 31 II e (S. 175).

[11] Die Unterscheidung zwischen „rechtswidriger" und „verwaltungswidriger" Ermessensentscheidung stammt von *Peters*; vgl. Verwaltungsrecht, S. 11. Übernommen hat sie z. B. *Obermayer*, NJW 1963, 1177 ff. (1182).

[12] *Czermak*, DÖV 1966, 750 ff. (752).

[13] *Loppuch*, DÖV 1952, 111 ff. (111).

[14] *Kopp*, DÖV 1966, 317 ff. (320).

[15] Folgerichtig daher: *Czermak*, DÖV 1966, 753 („Eine Wahl zwischen materiell und in concreto gleichwertigen mehreren Möglichkeiten läßt das Ermessen nicht"); *Kopp*, aaO. S. 320 (Gesetzgeber läßt der Verwaltung bei Ermessensnormen „keinen rechtsfreien Raum").

[16] Vgl. *Kopp*, aaO. S. 320; *Czermak*, DÖV 1966, 752/753 (Ermessensentscheidung als „Rechtsentscheidung", die — der Idee nach — im konkreten Fall nur entweder richtig oder falsch sein kann). Auf dieser Linie bewegt sich auch der Vergleich verwaltungsbehördlicher Ermessensbetätigung mit der richterlichen Rechtsfindung, den *Loppuch* (aaO. S. 111) anstellt.

herrschenden Dogma grundverschiedene Ermessenskonzeption hat *Rupp* theoretisch untermauert[17]. Rupp geht von der Prämisse aus, daß sich Rechtsanwendung nicht auf rein mechanische, formallogische Subsumtion beschränkt, sondern ein „teleologisch-topisch orientiertes Erkenntnisverfahren" mit durchaus schöpferischen Elementen darstellt[18]. Topische Gesetzesinterpretation[19] ist für Rupp auch die Anwendung einer Ermessensnorm: hinter dahingehenden gesetzlichen Formulierungen sei — wie bei den unbestimmten Rechtsbegriffen und dem richterlichen Ermessen — eine rechtliche Normativität zu denken, die es nur mit geeigneten Mitteln der Hermeneutik, einschließlich der Teleologik und der Topik zu erkennen gelte[20].

Damit wären die beiden möglichen Standpunkte in der Frage der rechtlichen Relevanz des Zweckmäßigen beim Ermessen hinreichend verdeutlicht. Es hat sich gezeigt, daß das Problem eng verquickt ist mit den beiden gegensätzlichen Ermessenskonzeptionen, die heute vertreten werden. Aufgabe der folgenden Untersuchung wird es sein, unvoreingenommen und ohne Blendung durch das übermächtige Dogma von der außerrechtlichen Natur des Zweckmäßigen den Standpunkt der Rechtsordnung zu ermitteln. Unvoreingenommenheit bedeutet vor allem auch eine gewisse Unbefangenheit gegenüber den prozessualen Konsequenzen. Diese vermißt man nicht selten[21], was einer sauberen materiellrechtlichen Argumentation durchaus abträglich ist.

Es erscheint selbstverständlich, daß Gang und Ergebnisse der Untersuchung entscheidend vom jeweiligen Zweckmäßigkeitsverständnis abhängen. Gerade in der Ermessensdiskussion macht sich der Mangel begrifflicher Sorgfalt und Akribie bei Verwendung des Begriffs „Zweckmäßigkeit" schmerzlich bemerkbar. Um so wichtiger ist eine

---

[17] *Rupp*, Grundfragen, S. 177 ff.; ders. NJW 1969, 1273 ff.
[18] Grundfragen, S. 184 ff. (insbes. S. 187, 192, 194); ders. NJW 1969, 1273 ff. (1276). Ähnlich *Czermak*, DÖV 1966, 752.
[19] Grundfragen, S. 197.
[20] Grundfragen, S. 206 und NJW 1969, 1277. Vorsichtige Zustimmung findet Rupp bei *Reuss*, DÖV 1967, 217 ff. (219) und *Hoppe*, Urteilsanmerkung in DVBl. 1967, 300 f.
In eine ähnliche Richtung tendieren auch *Geiger* in: Wandlungen der rechtsstaatlichen Verwaltung, Schriftenreihe Speyer Bd. 13, S. 115 ff. (128, 136) und *Bettermann*, Der Staat 1962, 79 ff. (83—86), die beide vom Verfassungsrecht her argumentieren. Die Ausführungen Bettermanns leiden freilich unter erheblichen Widersprüchen; vgl. dazu die berechtigte Kritik bei *Rupp*, Grundfragen, S. 204 f. Fußn. 334.
[21] Kritisch: *Rupp*, NJW 1969, 1273: „Die Ermessenslehre der neueren deutschen Verwaltungsrechtswissenschaft ist zu einseitig als prozeßrechtliche Hilfskonstruktion zur Beschneidung der verwaltungsgerichtlichen Kontrolle konzipiert worden, mit der Folge, daß sie in aller Regel nur das Kräftefeld zwischen Verwaltung und Richter im Auge hat, die Frage des Verhältnisses von Verwaltung und Gesetz dagegen vernachlässigt."

§ 1 Bedeutung der Zweckmäßigkeit in den Ermessenskonzeptionen 23

Differenzierung an Hand fester Termini. Begrifflicher Klarheit dient einmal die Einteilung nach „relativer" und „absoluter" Zweckmäßigkeit[22], die auf die Unterscheidung mehrerer Zweckmäßigkeitskategorien zurückgeht. Gedacht ist an Kategorien wie: „Zwecktauglichkeit" („Geeignetheit"), „Zulänglichkeit", „Erforderlichkeit", „optimale Zweckmäßigkeit". Es empfiehlt sich, das Problem der Verrechtlichung des Zweckmäßigen beim Ermessen gleichsam „von unten" aufzurollen, d. h. von jener minderen „relativen" Zweckmäßigkeit auszugehen und anschließend die „absolute" (optimale) Zweckmäßigkeit zu behandeln. Dabei wird sich sehr bald zeigen, daß das herrschende Dogma von der metarechtlichen Natur der Zweckmäßigkeit von vornherein nicht für die relative Zweckmäßigkeit des Verwaltungshandelns gelten kann. Die eigentlichen Schwierigkeiten tauchen erst im Bereich der absoluten Zweckmäßigkeit auf. Hier werden letzten Endes Art und Umfang des dem Zweckmäßigkeitsurteil zugrunde zu legenden „Zweckhorizonts" den Ausschlag geben.

---

[22] Dazu: *Walter Jellinek*, Gesetz, S. 77 ff.; *Steindorff*, Nichtigkeitsklage, S. 78, 81, 82 .

§ 2 Die rechtliche Determinierung der Ermessensentscheidung durch das Rechtsprinzip relativer Zweckmäßigkeit des Verwaltungshandelns

I. Die Differenzierung nach Zweckmäßigkeitsgraden

Zweckmäßigkeit des Handelns läßt sich in verschiedenen Graden denken, je nachdem, wie sehr einem vorgegebenen Zweck das eingesetzte Mittel angepaßt ist, wie günstig die Zweck/Mittel-Relation sich verhält. Als unterster Grad kann die *Zwecktauglichkeit* oder Geeignetheit gelten; hier ist das verwandte Mittel wenigstens insoweit „angemessen", als es den Zweck überhaupt fördert, sich „dem Zwecke nähert"[1]. „Ausreichende" Zweckverwirklichung ist das Kennzeichen eines höheren Zweckmäßigkeitsgrades, der *Zulänglichkeit*[2]. Am „zweckmäßigsten" aber wird gehandelt, wenn von mehreren geeigneten und zulänglichen Mitteln das bestmögliche Mittel ergriffen wird, welches zu völliger Zweckverwirklichung bei vergleichsweise geringstem Aufwand führt und somit dem Prinzip des technischen Optimums oder des kleinsten Kraftmaßes[3] entspricht.

II. Die Unterscheidung zwischen relativer und absoluter Zweckmäßigkeit in der Verwaltungsrechtslehre

Auch die Rechtsdogmatik orientiert sich bei der rechtlichen Beurteilung von Verwaltungshandlungen, die nicht bereits durch „ius strictum" abstrakt festgelegt sind, an derartigen Zweckmäßigkeitsgraden. Von *Walter Jellinek* stammt die Unterscheidung zwischen relativer und absoluter Zweckmäßigkeit beim Ermessen[4]. Zur relativen Zweckmäßigkeit rechnet er die Geeignetheit, Zulänglichkeit, Erforderlichkeit und Unschädlichkeit des angewandten Mittels[5]. Die absolute Zweckmäßig-

---

[1] W. Jellinek, Gesetz, S. 79 ff.
[2] W. Jellinek, Gesetz, S. 79 f.; vgl. auch *Schmatz*, Die Grenzen des Opportunitätsprinzips, S. 136.
[3] *Max Weber*, WuG, S. 32.
[4] W. Jellinek, Gesetz, S. 77 ff.
[5] W. Jellinek, Gesetz, S. 79 f.

keit dagegen soll eine optimale Zweckmäßigkeit kennzeichnen, bei der die verschiedenen durch die Zweckverwirklichung tangierten „Wertaspekte" und Zielsetzungen optimal abgewogen und koordiniert sind[6]. Nur die letztere Zweckmäßigkeit sei, weil mit einer „Wertung" verbunden, eine Frage des „freien", gerichtlich nicht überprüfbaren Ermessens. Erstere hingegen lasse sich im Wege der „Betrachtung von Naturgesetzen" und „objektiver wissenschaftlicher Tätigkeit" ermitteln und enthalte daher eine voll nachprüfbare Rechtsfrage[7].

Was immer man von der Jellinekschen Grenzziehung halten mag[8], als Rechtsprinzipien sind in der Tat jene Kategorien der von ihm so bezeichneten relativen Zweckmäßigkeit allgemein anerkannt[9]. Nicht selten findet man sie positiviert in Verwaltungsgesetzen vor[10]; darüber hinaus wird ihnen auch der Verfassungsrang nicht abgesprochen[11]. Freilich — die Bezüge dieser Rechtsprinzipien zur Zweckmäßigkeit des Verwaltungshandelns sind mitunter nicht ganz so einfach, wie es das

---

[6] *W. Jellinek*, Gesetz, S. 86 f. Vgl. zum Begriff der absoluten Zweckmäßigkeit auch *Steindorff*, Nichtigkeitsklage, S. 81, 82.

[7] *W. Jellinek*, Gesetz, S. 76 ff., insbes. S. 77, 80.

[8] Überholt ist vor allem der Gegensatz zwischen „naturwissenschaftlicher Betrachtung" und „Wertung" als Kriterium für die Begrenzung der richterlichen Kontrolle. Auch die Fragen der Geeignetheit, Zulänglichkeit und Erforderlichkeit werfen als unbestimmte Rechtsbegriffe Wertungsprobleme auf. Hinter der *Jellinekschen* Abgrenzung verbirgt sich im Grunde das alte Ideal einer naturwissenschaftlichen Subsumtionsautomatik, die sich von jeglicher Wertung rein hält.

[9] Vgl. allgemein: *Eppe*, Subventionen und staatliche Geschenke, S. 137 ff. Speziell zum Prinzip der *Geeignetheit*: *W. Jellinek*, Gesetz, S. 296 ff.; *Tezner*, JöR V (1911), S. 67 ff. (77); *Steindorff*, Nichtigkeitsklage, S. 78; *Drews-Wacke*, S. 284; *Schmatz*, Opportunitätsprinzip, S. 49—51; *Lerche*, Übermaß, S. 76 f.; PrOVG 29, 447 ff. (454). Zum Prinzip der *Zulänglichkeit*: *W. Jellinek*, Gesetz, S. 298 f.; *Bender*, Urteilsanmerkung in DVBl. 1957, 278 ff. (279 f.); *Schmatz*, aaO. S. 136. Zum Prinzip der *Erforderlichkeit*: *W. Jellinek*, Gesetz, S. 291 ff.; *v. Krauss*, Grundsatz der Verhältnismäßigkeit, S. 14 ff.; *Lerche*, Übermaß, S. 24; *Bender*, NJW 1955, 938 f. (938); *Wolff*, Verwaltungsrecht I, § 28 I a 7 (S. 137), § 30 II b 1 (S. 156); *Schmatz*, aaO. S. 51 ff.; BGHZ 18, 366 ff. (368). Zum Prinzip der *Unschädlichkeit* oder besser *Verhältnismäßigkeit*: *Drews-Wacke*, S. 168 ff.; *Ule-Rasch*, Allgemeines Polizei- und Ordnungsrecht, § 41 PrPVG Anm. 18 f.; *Lerche*, Übermaß, S. 24; *Bender*, NJW 1955, 938 f.

[10] So insbes. in den Polizeigesetzen. Der in der polizeilichen Generalklausel enthaltene Begriff der „notwendigen Maßnahme" erfaßt wohl alle vier Prinzipien. Hinsichtlich der Geeignetheit vgl. *Friedrichs*, PrPVG § 14 Erl. 32 Nr. 2; *Drews-Wacke*, S. 282; *Ule-Rasch*, aaO. § 14 PrPVG Anm. 57; *Bender*, DVBl. 1957, 281; *Schmatz*, aaO. S. 49. Hinsichtlich der Erforderlichkeit und Verhältnismäßigkeit: *Müller-Heidelberg*, Nds.SOG, § 1 Anm. 2 c (S. 31); *Schmatz*, aaO. S. 52, 63. Daneben ist das „Übermaßverbot" (Erforderlichkeit und Verhältnismäßigkeit) in den neueren Polizeigesetzen auch ausdrücklich normiert — meist unter Einbeziehung der Geeignetheit des Mittels als „Vorfrage" der Erforderlichkeit. Vgl. §§ 5 HSOG; 5 bwPG; 2 rhpfPVG; 15 nwOBG; 3 bremPG.

[11] Dazu vor allem *Lerche*, Übermaß, S. 61 ff.

Schema von Jellinek erwarten läßt. Eine Klarstellung, die sich mit den genannten Prinzipen gesondert befaßt, erscheint insoweit angebracht.

1. Unproblematisch ist zunächst die Einordnung des Prinzips der *Zwecktauglichkeit* oder *Geeignetheit* in die Skala „relativer" Zweckmäßigkeit. Dieses Prinzip erfordert als Mindestvoraussetzung zweckmäßigen Verwaltungshandelns Kausalität zwischen eingesetztem Mittel und angestrebtem Zweck. Verhält sich das eingesetzte Mittel im Hinblick auf die Zweckverwirklichung völlig gleichgültig[12], so ist es wegen Ungeeignetheit rechtswidrig. Vorfrage der Geeignetheit ist die *Möglichkeit*[13], die die praktische Durchführbarkeit und rechtliche Zulässigkeit des Mittels betrifft[14] und sich im Gegensatz zur eigentlichen Geeignetheit unabhängig vom angestrebten Zweck beurteilen läßt.

2. Keine Schwierigkeiten wirft ferner das Prinzip der *Zulänglichkeit* auf, was sein Verhältnis zur Zweckmäßigkeit angeht. Es handelt sich um einen durch vollständige Zweckerreichung sich auszeichnenden Zweckmäßigkeitsgrad. Daß die Unterscheidung zwischen Geeignetheit und Zulänglichkeit theoretisch möglich und praktikabel ist, zeigt der vom *OVG Lüneburg* entschiedene „Überschlagschaukelfall"[15]. Wegen der mit einer Überschlagschaukel verbundenen Konstruktionsgefahr für Leib und Leben der Schaukelinsassen ließ die Polizeibehörde die „Doppelbenutzung", d. h. die Benutzung durch zwei Personen, verbieten, erlaubte aber weiterhin die Inbetriebnahme durch eine einzelne Person. Diese Anordnung konnte insofern als noch geeignet[16] gelten, als sie die Gefahr verringerte und sich der Verwirklichung des polizeilichen Zwecks „näherte". Der Erfolg war jedoch unzulänglich, denn zur vollständigen Abwendung der aus der Konstruktion sich ergebenden Gefahren hätte es des gänzlichen Verbots der Benutzung der Überschlagschaukel im gegenwärtigen Konstruktionszustand bedurft[17]. Die Verfügung unterlag als „unzulänglich" gerichtlicher Aufhebung[18].

---

[12] So die Formulierung bei *W. Jellinek*, Gesetz, S. 79.
[13] *Schmatz*, aaO. S. 50.
[14] *Weides*, JuS 1964, 112 ff. (115) mit weiteren Nachweisen.
[15] *OVG Lüneburg*, DVBl. 1957, 275 ff. mit Anm. *Bender*, 278 ff.
[16] Vgl. die Ausdrucksweise bei *Bender*, DVBl. 1957, 279: „nicht absolut ungeeignet."
[17] So *Bender*, DVBl. 1957, 279.
[18] Vgl. *Bender*, DVBl. 1957, 279 f. Das *OVG Lüneburg* hob freilich die angefochtene Verfügung aus anderen Gründen auf.
Ein weiteres Beispiel für Unzulänglichkeit des Mittels bietet der vom *preußischen OVG* in *OVGE* 54, 245 ff. entschiedene Fall: Zur Vermeidung von Feuersgefahr wird dem Eigentümer eines Holzplatzes durch Polizeiverfügung aufgegeben, das Holz in einem Abstand von mindestens 10 m vom angrenzenden Wohnhaus zu lagern, ohne daß gleichzeitig die Entfernung des für die Aufbewahrung des Holzes errichteten Holzschuppens verlangt wird, welcher 5 m vom Wohnhaus entfernt ist.

II. Relative und absolute Zweckmäßigkeit

Die moderne Lehre behandelt das Prinzip der Zulänglichkeit überwiegend als Unterfall einer umfassend verstandenen Geeignetheit[19]. Dem entspricht die übliche Terminologie in den Gesetzen, in denen allenfalls die Geeignetheit als Gültigkeitsvoraussetzung ausdrücklich erwähnt ist. Andererseits heben einige Autoren die Zulänglichkeit deshalb als besonderen Grundsatz von der Geeignetheit ab, weil im Geltungsbereich des Opportunitätsprinzips hoheitliches Handeln zwar geeignet, nicht aber auch zulänglich sein müsse[20]. Diese Argumentation ist jedoch angreifbar, da beim Opportunitätsprinzip die Rechtsordnung mindere Erfolge gerade als ausreichend und damit zulänglich anerkennt[21]. Hinsichtlich der rechtlichen Beurteilung von Verwaltungsmaßnahmen besteht bei genügend weit gefaßtem Tauglichkeitsbegriff in der Tat kein eigentliches Bedürfnis für einen selbständigen Gültigkeitsgrund der Zulänglichkeit. Desungeachtet dient eine Differenzierung zwischen Geeignetheit und Zulänglichkeit terminologischer Bereicherung wie auch begrifflicher Klarheit und dürfte von daher gerechtfertigt sein.

3. Nach dem Prinzip der *Erforderlichkeit* oder des mildesten Mittels muß von mehreren geeigneten und zulänglichen Mitteln dasjenige ergriffen werden, welches die Rechtssphäre des Bürgers am wenigsten tangiert[22]. Für *Herbert Krüger* steht dieses Prinzip als „Regel der technischen Ökonomie", als „Anwendung des Ideals größtmöglicher Ergebnisse mit sparsamsten Mitteln" ganz im Dienste der Zweckmäßigkeit[23]. Der Zusammenhang zwischen Erforderlichkeit und Zweckmäßigkeit ist aber nicht so offensichtlich; er bedarf zumindest näherer Erläuterung. Das Prinzip der Erforderlichkeit ist nur auf den individuellen Rechtsbezirk bezogen[24] und verlangt in diesem Bereich die größtmögliche Schonung subjektiver Rechte. Mit Sparsamkeit hinsichtlich der Substanz, welche die eigentlichen „Verwaltungsmittel" ausmacht, hat das Prinzip der Erforderlichkeit nichts zu tun. Im Gegenteil — Gesichtspunkte der Sparsamkeit und Arbeitserleichterung dürften für die

---

[19] So ausdrücklich *Lerche*, Übermaß, S. 76 Fußn. 185.

[20] So *Bender*, DVBl. 1957, 279 f.; *Schmatz*, aaO. S. 136, Fußn. 583.

[21] In diesem Sinn ist auch die häufig verwandte Formel zu verstehen, wonach eine polizeiliche Verfügung nicht schon deshalb rechtswidrig ist, „weil sie die Gefahr nur mindert, anstatt sie gänzlich zu beseitigen"; vgl. *PrOVG*, RVBl. 56, 479; *PrOVGE* 79, 393 ff. (397); *OVG Lüneburg*, DVBl. 1957, 275 ff. (276); *Drews-Wacke*, S. 283.

[22] *Lerche*, Übermaß, S. 19; *Eppe*, aaO. S. 140.

[23] *Krüger*, Festgabe für Smend, S. 211 ff. (235); *ders.* DVBl. 1955, 518 ff. (521); *ders.* DÖV 1956, 550 ff. (554); *ders.* DÖV 1958, 673 ff. (678). Auch nach *v. Köhler* überschneiden sich die Begriffe der „Verhältnismäßigkeit" (i. w. S. unter Einschluß der Erforderlichkeit) und der Zweckmäßigkeit; vgl. *v. Köhler*, DÖV 1956, 744 ff. (746); *ders.* DVBl. 1958, 635 ff. (637).

[24] *Lerche*, Übermaß, S. 23.

Verwaltung geradezu Anreiz sein, zur Erreichung eines bestimmten Erfolges mehr als notwendig auf die Rechtssphäre des Bürgers Zugriff zu nehmen[25]. So könnte — um ein Beispiel zu nennen — der Gedanke der leichteren Überwachung die Polizei zu übermäßiger Ausdehnung der Polizeistunde in Gastwirtschaften veranlassen[26]. Verwaltungsmäßige Zweckmäßigkeit fördert also der Grundsatz der Erforderlichkeit gewiß nicht — im Gegenteil! Wohl aber dient er der Verwirklichung der engeren, gesetzlichen Zweckmäßigkeit, was speziell ihren Gerechtigkeitsaspekt angeht[27]. Mit dieser Maßgabe kann daher die Erforderlichkeit als Grad relativer Zweckmäßigkeit bezeichnet werden.

4. Nach *Walter Jellinek* ist eine Verwaltungshandlung schädlich, wenn die eingesetzten Mittel sich vom angestrebten Zweck entfernen, statt sich ihm zu nähern[28]. Die Schädlichkeit soll einen besonderen Ungültigkeitsgrund darstellen.

Für einen derartigen Ungültigkeitsgrund besteht kein eigentliches Bedürfnis, sofern die schädlichen Folgen auf eben den Zweck beschränkt bleiben, der verwirklicht werden soll. In dieser Situation bildet die Schädlichkeit nur einen erschwerten Fall der Ungeeignetheit[29]. Tritt dagegen der Schaden als Nebenfolge des eingesetzten Mittels an einem anderen Rechtsgut ein, und wiegt dieser Schaden schwerer als der mit der Zweckverfolgung verbundene Nutzen, so gewinnt in der Tat die Schädlichkeit als Ungültigkeitsgrund eigenständige Bedeutung. Nach moderner Terminologie handelt es sich um die *Verhältnismäßigkeit*, gegen die in solchen Fällen verstoßen wird[30].

Im Gegensatz zum Grundsatz der Erforderlichkeit beschränkt sich das Verhältnismäßigkeitsprinzip nicht auf den Individualrechtsschutz, sondern dient daneben dem Schutz von Gemeinschaftsgütern und

---

[25] Vgl. *Krüger* selbst, Allg. Staatslehre, S. 739.

[26] Was schon vorkam, wie der vom *preußischen OVG* in *OVGE* 44, 342 ff. entschiedene Fall zeigt. Hier setzte die Polizei, nachdem es in der betroffenen Gastwirtschaft anläßlich einer Versammlung zu Krawallen gekommen war, die Polizeistunde für jeden Abend auf 20 Uhr fest; es hätte genügt, die Polizeistunde nur für den Fall einer geplanten Versammlung herabzusetzen. Das OVG hob wegen Verstoßes gegen das Prinzip der Erforderlichkeit auf.

[27] Die Unterscheidung von verwaltungsmäßiger und gesetzlicher Zweckmäßigkeit betrifft den zugrundegelegten „Zweckhorizont" und wird in späterem Zusammenhang noch ausführlich behandelt werden; vgl. unten § 4 III 4 bei Fußn. 68 ff.

[28] W. *Jellinek*, Gesetz, S. 79, 299.

[29] So W. *Jellinek* selbst, Gesetz, S. 299 f.

[30] Gefolgt wird hier der Terminologie von *Lerche*, der zwischen dem Prinzip der Erforderlichkeit als dem Prinzip des mildesten Mittels und dem Grundsatz der Verhältnismäßigkeit als einem Anwendungsfall des Prinzips der Güterabwägung unterscheidet und beides unter den Oberbegriff „Übermaßverbot" zusammenfaßt. Vgl. *Lerche*, Übermaß, S. 19 ff.

öffentlichen Interessen[31]. Im Rahmen der Güterabwägung finden außer subjektiven öffentlichen Rechten auch typische Verwaltungsbelange — fiskalische Interessen nicht ausgenommen — Berücksichtigung[32]. Die Verbindung zur Zweckmäßigkeit des Verwaltungshandelns erscheint so von vornherein sehr viel einleuchtender als beim Prinzip der Erforderlichkeit.

Hinzu kommt, daß der Zweckmäßigkeit des Verhältnismäßigkeitsprinzips eine ganz andere Zweck/Mittel-Beziehung zugrunde liegt. Die Erforderlichkeit betrifft die engere Relation zwischen unmittelbarem Handlungserfolg und den in Betracht gezogenen Mitteln unter dem Aspekt der Gerechtigkeit. Bei der Verhältnismäßigkeit hingegen geht es um eine höhere Zweck/Mittel-Relation: die Verfolgung des konkreten Zwecks selbst hat zu unterbleiben, wenn sie *andere* Zwecke (Wahrung subjektiver Rechte, Gemeinschaftsinteressen) unverhältnismäßig schädigen würde. Entsprechend kann das Verhältnismäßigkeitsprinzip als Standort einer die konkurrierenden Einzelzwecke überspannenden, am gemeinsamen höheren Zweck ausgerichteten, komplexen Zweckmäßigkeit bezeichnet werden.

III. Die Konsequenzen für das Ermessen

Es hat sich ergeben, daß die verschiedenen von *Walter Jellinek* angeführten und als Rechtsprinzipien anerkannten Kategorien „relativer Zweckmäßigkeit" hinsichtlich ihres Zweckmäßigkeitsbezuges durchaus nicht nur graduell unterschieden sind. Eine gewisse Vorsicht bei Verwendung eines Oberbegriffs wie „relative Zweckmäßigkeit" ist daher am Platze. Immerhin bürgt eines für Gemeinsamkeit: der von der herrschenden Lehre behauptete Gegensatz zur höchsten, „absoluten" Zweckmäßigkeit. Die Prinzipien der Geeignetheit, Zulänglichkeit, Erforderlichkeit und Verhältnismäßigkeit determinieren die Ermessensentscheidung in concreto. Auf sie kann sich das herrschende Dogma von der außerrechtlichen Natur des Zweckmäßigen (nach dem klar zum Ausdruck gebrachten Standpunkt unserer Rechtsordnung) von vornherein nicht beziehen[33].

---

[31] So *König*, Allgemeines Sicherheits- und Polizeirecht in Bayern, Art. 8 PAG Anm. II 2 c (S. 324); *Dahlinger*, DÖV 1966, 818 ff.; *OVG Münster*, Verw-Rspr. 8 Nr. 48 (S. 212).

[32] *Dahlinger*, aaO. S. 819 f. Zur Qualifizierung fiskalischer Interessen als öffentliche Interessen: *Häberle*, AöR 95 (1970), 86 ff., 261 ff. (275 ff.); ders. Öffentliches Interesse, S. 512 ff.

[33] Selbst das wird zuweilen noch bestritten. So sehen *Drews-Wacke*, S. 285 f. in dem in § 41 II PrPVG normierten Prinzip des geringsteingreifenden Mittels lediglich eine „instruktionelle Zweckmäßigkeitsanweisung", die die Recht-

In der Art und Weise wie auch im Umfang der Ermessensdeterminierung durch die Prinzipien „relativer Zweckmäßigkeit" unterscheiden sich Entschließungs- und Auswahlermessen nicht unerheblich. Beim Entschließungsermessen, also der Frage, ob die Verwaltung überhaupt tätig werden soll[34], werden die Prinzipien der Geeignetheit und Verhältnismäßigkeit relevant. Die einzig zulässige Ermessensentscheidung besteht in einem Unterlassen, wenn Handlungserfolge der vom Gesetz genannten Gattung überhaupt nicht erreichbar sind[35] oder aber unverhältnismäßige Schäden an anderen Rechtsgütern hervorrufen würden[36]. Hingegen sorgt beim Auswahlermessen als der Wahl zwischen mehreren Handlungserfolgen (Maßnahmen, Mitteln)[37] in der Hauptsache das Prinzip der Erforderlichkeit für Determinierung. Diese Determinierung des Auswahlermessens ist oft schon erschöpfend und läßt für weitere Wahlmöglichkeiten von vornherein keinen Raum mehr.

Als Beispiel mag die Bestimmung des § 35 I GewO dienen, derzufolge bei Unzuverlässigkeit des Gewerbetreibenden die Ausübung eines Gewerbes „ganz *oder* teilweise auf Zeit *oder* Dauer" zu untersagen ist. Der durch das Wörtchen „oder" in zweifacher Hinsicht eingeräumten *abstrakten* Wahlmöglichkeit der Behörde entspricht — wie nunmehr auch das *BVerwG* einsieht[38] — keine *konkrete* Wahlfreiheit, da das Prinzip der Erforderlichkeit die Entscheidung im konkreten Fall voll und ganz determiniert. Die Folge ist völlige rechtliche Bindung der Verwaltungsbehörde bei Anwendung des § 35 I GewO[39]. Weitere Beispiele bieten die §§ 24 a I GewO (Wahl zwischen Stillegung und Beseitigung einer ohne Erlaubnis errichteten oder betriebenen Anlage)[40] und 147 III GewO (Wegschaffung *oder* Herstellung eines den Bedingungen entsprechenden Zustandes bei gewerblichen Anlagen)[41].

---

mäßigkeit der polizeilichen Verfügung unberührt lasse. Ähnlich: *Ule-Rasch*, aaO. (Fußn. 9) § 41 PrPVG, Anm. 13 ff. Gegen diese durch Adjektive wie „tunlichst" oder „nach pflichtgemäßem Ermessen notwendig" genährte Ansicht: *Schleberger*, Polizei- und Ordnungsrecht NW, S. 42 (im Hinblick auf § 15 nwOBG); *Schmatz*, Opportunitätsprinzip, S. 72; *Obermayer*, NJW 1963, 1177 ff. (1178), Fußn. 20.

[34] *H. J. Wolff*, Verwaltungsrecht I, § 31 II c 1 (S. 171).

[35] So — im Hinblick auf die polizeiliche Gefahrenabwehr — *Schmatz*, Opportunitätsprinzip, S. 136 Fußn. 582.

[36] So — zum Opportunitätsprinzip im Polizeirecht: *Drews-Wacke*, S. 169 f. Zum Einsatz des Verhältnismäßigkeitsprinzips beim „Opportunitätsermessen" vgl. auch *Schmidt-Salzer*, VerwArch 60 (1969), 261 ff. (273).

[37] *H. J. Wolff*, Verwaltungsrecht I, § 31 II c 1 (S. 171).

[38] *BVerwGE* 23, 280 ff. (286 f.) im Gegensatz zu *BVerwG*, VerwRspr. 14 Nr. 274 (S. 987).

[39] So auch *Schmidt-Salzer*, Beurteilungsspielraum, S. 24.

[40] Dazu *Landmann-Rohmer-Eyermann-Fröhler*, GewO, § 24 a Anm. 3.

[41] Dazu *Landmann-Rohmer-Eyerman-Fröhler*, GewO, § 16 Anm. 194: „Die Wegschaffung der Anlage wird man ... nicht für zulässig halten können,

III. Die Konsequenzen für das Ermessen

Bezeichnend ist ferner die Entwicklung, die das Auswahlermessen bei Mehrheit polizeipflichtiger Personen genommen hat. Das *preußische OVG* behandelte selbst die Wahl zwischen Handlungs- und Zustandsstörer noch als Frage des freien, gerichtlich nicht überprüfbaren Ermessens[42]. Demgegenüber führte die Übertragung des dem Grundsatz des mildesten Mittels entnommenen Billigkeitsprinzips auf die Störerauswahlentscheidung[43] zu immer umfassenderem Abbau der konkreten Wahlfreiheit in diesem Bereich. So soll nach h. L. in der Regel der Handlungsstörer vor dem Zustandsstörer heranzuziehen sein[44]. Eine noch weitergehende Determinierung bewirkt der Gesichtspunkt der möglichst wirksamen Gefahrenabwehr[45], der sich wenigstens bis zu einem gewissen Grade gleichfalls aus dem Billigkeitsprinzip ergibt; denn normalerweise belastet eine Inanspruchnahme denjenigen Störer am wenigsten, der die Gefahr am wirksamsten zu beseitigen vermag. Im übrigen scheinen die Gerichte vor einer Nachprüfung der Störerauswahlentscheidung selbst insoweit nicht mehr haltmachen zu wollen, als der Aspekt möglichst schneller und wirksamer (effizienter) Gefahrenabwehr einen Aspekt absoluter Zweckmäßigkeit darstellt.

Nach allem mindert die inhaltliche Determinierung der Ermessensentscheidung durch die Prinzipien relativer Zweckmäßigkeit die Bedeutung des Dogmas von der metarechtlichen Natur des Zweckmäßigen nicht unerheblich. Die sog. absolute Zweckmäßigkeit spielt beim Auswahlermessen eine geradezu untergeordnete Rolle[46]. Ob wenigstens innerhalb des ihr verbleibenden Raumes das herrschende Dogma Geltung beanspruchen kann, soll im folgenden geklärt werden.

---

wenn die Herstellung des den Bedingungen entsprechenden Zustands möglich ist; die Anordnung der Wegschaffung verstieße in diesem Fall gegen den Grundsatz der Verhältnismäßigkeit."

[42] Vgl. *PrOVGE* 77, 484 ff. (486); 105, 230 ff. (231).

[43] Dazu *Willigmann*, DVBl. 1965, 761 ff.; *Bachof*, Urteilsanmerkung in DÖV 1952, 119 f. (119).

[44] *Ule-Rasch*, aaO. (Fußn. 9) § 18 PrPVG Anm. 11; *Drews-Wacke*, S. 245; *Müller-Heidelberg-Clauss*, Nds. SOG, § 5 Anm. 3 (S. 60); *Willigmann*, DVBl. 1965, 763; OVG Münster, JZ 1964, 367 ff. (368); OVG Koblenz, VerwRspr. 19 Nr. 223 (S. 850).

[45] Vgl. OVG Münster, JZ 1964, 368; *Scheerbarth*, Das allgemeine Bauordnungsrecht, § 15 (S. 18).

[46] Hinzu kommt, daß neben den Rechtsprinzipien „relativer Zweckmäßigkeit" auch andere Rechtsgrundsätze wie z. B. der Gleichheitssatz zur progressiven inhaltlichen Determinierung der Ermessensentscheidung beitragen.

§ 3 Das Problem der absoluten Zweckmäßigkeit bei der Ermessensentscheidung

Der Beschränkung des herrschenden Dogmas[1] auf das „absolut Zweckmäßige" entspricht der Sprachgebrauch in Lehre und Rechtsprechung. Der Begriff „Zweckmäßigkeit" dient in der Regel nur zur Kennzeichnung der absoluten, höchsten Zweckmäßigkeit. Bei den Kategorien relativer Zweckmäßigkeit verwendet man gleich die genauen Titel (Geeignetheit, Zulänglichkeit usw.)[2]. Wenn ausnahmsweise auch hier der Zweckmäßigkeitsbegriff auftaucht, so meist in Verbindung mit unterscheidungskräftigen Zusätzen wie: „völlig", „absolut" unzweckmäßig oder zweckwidrig[3]. Diese Terminologie ist ohne Zweifel zu begrüßen, da sie der Gefahr einer Verwechselung von „relativer" und „absoluter" Zweckmäßigkeit vorbeugt[4].

Die Bestimmung dessen, was nun im Sinne des geschilderten Sprachgebrauchs die „eigentliche", absolute Zweckmäßigkeit bei der Ermessensentscheidung ausmacht, ist nicht einfach. Daß es das Moment der Wertung sei, wie *Walter Jellinek* meinte, vermag heute angesichts der völligen Relativierung des Gegensatzes von Wertung und Erkenntnis kaum noch jemanden zu überzeugen. Nicht weniger fragwürdig sind aber auch die heutzutage gelieferten Definitionen. So sollen „unzweckmäßig" jene Verwaltungsakte sein, die nicht „erfolgs- oder sachdienlich" sind[5], die den von der Verwaltungsbehörde zu verfolgenden Zielen entweder „nicht voll"[6] oder sogar „übervoll"[7] entsprechen, deren Inhalt „nicht unerläßlich", „weniger angebracht" bzw. „weniger geeignet" ist als ein anderer Inhalt oder der völlige Verzicht auf die Maß-

---

[1] Gemeint ist im folgenden immer das Dogma von der außerrechtlichen Natur des Zweckmäßigen.

[2] Vgl. *Lerche*, Übermaß, S. 76.

[3] Vgl. z. B. *PrOVGE* 26, 141 ff. (144); 34, 375 ff. (387) und die weiteren Nachweise zur Rspr. des preußischen OVG bei W. *Jellinek*, Gesetz, S. 297 Fußn. 151.

[4] W. *Jellinek*, Gesetz, S. 80.

[5] *v. Mutius*, Widerspruchsverfahren, S. 29, 37; *v. Hippel*, Allgemeine Staatslehre, S. 255; *Weides*, JuS 1964, 483 ff. (484).

[6] *Wolff*, Verwaltungsrecht I, § 51 VIII a (S. 347 f.); *Weides*, JuS 1964, 112 ff. (117).

[7] *Wolff*, Verwaltungsrecht I, S. 347 f; *OVG Saarbrücken*, VerwRspr. 12 Nr. 76 (S. 305).

nahme[8]. Eine sichere Abgrenzung der „eigentlichen" Zweckmäßigkeit von der relativen Zweckmäßigkeit ermöglichen solche Begriffsbestimmungen keinesfalls. Die Abgrenzung kann wohl nur negativ vorgenommen werden. Absolute Zweckmäßigkeit der Ermessensentscheidung bedeutet demnach nichts anderes als optimale Zweck/Mittel-Gestaltung in dem Raum, den — neben sonstigen Rechtsschranken — die Prinzipien der Geeignetheit, Zulänglichkeit, Erforderlichkeit und Verhältnismäßigkeit für weitere Zweckanpassung des Mittels zulässigerweise übrig lassen.

I. Der innenrechtliche Aspekt der absoluten Zweckmäßigkeit von Ermessensentscheidungen

Dieser von vornherein beschränkte Raum soll nach h. L. rechtlicher Bindung entbehren. Die Folge wäre, daß insoweit das handelnde Verwaltungsorgan nach freiem Belieben schalten und walten könnte. Wie aber verträgt sich solche Freiheit mit den Dienstpflichten des Organwalters? Und welchen Sinn hätte dann noch die Behördenaufsicht? Kein Zweifel: auch diese den innenrechtlichen Aspekt berührenden Punkte erweisen sich als „wunde Punkte" des herrschenden Dogmas und verdienen als solche unser Interesse.

1. Die Dienstpflicht des Beamten

Daß der Beamte zur Erzielung objektiv höchster Zweckmäßigkeit verpflichtet sei und demgemäß von mehreren Verhaltensmöglichkeiten die zweckmäßigste zu wählen habe, ist seit jeher anerkannt[9]. Einigkeit besteht auch darin, daß es sich hierbei um eine durch Diensteid bekräftigte und im Dienstrecht verankerte *Rechts*pflicht des Beamten handelt[10]. Sie ist ausdrücklich normiert in § 54 S. 2 BBG (§ 36 S. 2 BRRG), der uneigennützige Amtswaltung „nach bestem Gewissen" verlangt[11]. Die schuldhafte Verletzung dieser allgemeinen Dienstpflicht

---

[8] *Wolff*, Verwaltungsrecht I, S. 347 ff.; OVG Saarbrücken, VerwRspr. 12 Nr. 76 (S. 305); *Weides*, aaO. S. 484.

[9] Aus dem älteren Schrifttum: *Tezner*, JöR V (1911), 67 ff. (81); ders. Das freie Ermessen, S. 35; *Georg Jellinek*, System, S. 202.
Aus dem neueren Schrifttum: *Plog-Wiedow*, BBG, § 54 Anm. 4, § 56 Anm. 1; *Bachmann* in: *Hildebrandt-Demmler-Bachmann*, LBG NW, § 57 Anm. 3; *Brademann*, BaWüVBl. 1966, 68 ff. (70 a. E.).

[10] So schon die ältere Lehre: *Bernatzik*, Rechtsprechung, S. 41; *v. Laun*, Das freie Ermessen, S. 176 f.; *Georg Jellinek*, System, S. 202. A. A. nur: *Laband*, Staatsrecht 4. Auflage Bd. 2, S. 166 Fußn. 1, der eine lediglich *ethische* Pflicht annahm.

[11] Vgl. *Plog-Wiedow*, aaO. § 54 Anm. 4 und — für den gleichlautenden § 57 S. 2 LBG NW — *Bachmann*, aaO. § 57 Anm. 3.

enthält ein Dienstvergehen (§§ 77 I BBG, 45 I BRRG), welches u. U. Regreßansprüche des Dienstherrn (§§ 78 I BBG, 46 I BRRG) sowie disziplinarische Maßnahmen (vgl. § 2 BDO) auslöst.

Die Pflicht des Beamten zu zweckmäßigstem Handeln wirkt sich vor allem bei Ermessensentscheidungen aus. Es kann daher — was das Verhältnis des Organwalters zum Dienstherrn anbetrifft — von rechtlicher Ungebundenheit in dem für Erwägungen absoluter Zweckmäßigkeit verbliebenen Ermessensraum keine Rede sein. Der Beamte konkretisiert vielmehr eine ihn verpflichtende dienstrechtliche Norm, wenn er die zweckmäßigste Ermessensentscheidung trifft. Diese Tatsache veranlaßte schon vor 85 Jahren *Bernatzik* zu der — vom Standpunkt des herrschenden Dogmas heute noch revolutionär klingenden (!) — These, daß Ermessensausübung voll und ganz Rechtsanwendung sei[12]. Dabei unterließ es Bernatzik allerdings, zwischen Rechtsbindung „nach außen" und dienstlicher (innenrechtlicher) Rechtsbindung zu differenzieren, ein Versäumnis, das von seinen Kritikern in der Folgezeit immer wieder gern aufgegriffen wurde[13].

2. Die behördliche Zweckmäßigkeitsaufsicht

Die Parallele zur eben beschriebenen Dienstpflicht des Beamten bildet die inhaltlich entsprechende Pflicht von Behörden[14] und Körperschaften im staatlichen Innenverhältnis. Eine solche ist zwar im Organisationsrecht nicht ausdrücklich normiert, ergibt sich indes konkludent aus der Zweckmäßigkeitsaufsicht und den darauf bezogenen Rechtsnormen[15]. Der Umfang staatlicher Zweckmäßigkeitskontrolle durch übergeordnete Behörden mag unterschiedlich sein, je nachdem, ob es sich um totale Behördenaufsicht oder um partielle Fach-, Sonder- und Einzel-

---

[12] *Bernatzik*, Rechtsprechung, S. 42. Bernatziks Ermessenslehre war im Grunde eine Lehre vom Beurteilungsspielraum: bei unbestimmten Begriffen („vagen Kategorien") wie gerade beim Begriff des „allgemeinen Besten" gestand er den Behörden generell eine ausschließliche Beurteilungskompetenz zu (vgl. Rechtsprechung, S. 43 f.). Eine damals recht originelle Lösung, die andererseits die moderne Lehre vom Beurteilungsspielraum als nicht mehr ganz so originell erscheinen läßt. Vgl. auch *Rupp*, Grundfragen, S. 215 f.

[13] So von *Otto Mayer*, Deutsches Verwaltungsrecht I (1. Auflage), S. 166 Fußn. 10; *v. Laun*, Das freie Ermessen, S. 177; *ders.* Das Recht zum Gewerbebetrieb, S. 18; *Bühler*, Die subjektiven öffentlichen Rechte, S. 209; *Scheuner*, VerwArch 33 (1928), 68 ff. (73/74); *Jöhr*, Die verwaltungsgerichtliche Überprüfung des administrativen Ermessens, S. 120 ff.

[14] Auch die staatlichen Behörden können „Zuordnungssubjekt" von Rechten und Pflichten sein und genießen insoweit „Rechtssubjektivität"; vgl. *H. J. Wolff*, Verwaltungsrecht I, § 4 II a (S. 28) und § 32 III a (S. 180).

[15] Vgl. zur Behördenaufsicht: §§ 51, 60 bwPolG, 20 bwLVG; 5 I, 11, 12 nwLOG; 7 ff. nwOBG; 99 nwLWG; 92 ff. rhpfPVG; 100 IV rhpfLWG; Art. 85 IV GG. Zur Fachaufsicht: §§ 13 nwLOG; 118 II bwGO; Art. 109 II bayGO.

aufsicht gegenüber Selbstverwaltungskörperschaften[16] handelt. In jedem Falle stellt sich die rechtliche Befugnis der übergeordneten Behörde zur Korrektur unzweckmäßiger Maßnahmen des untergeordneten Verwaltungssubjektes als *rechtliche* Wirkung eines allgemeinen innenrechtlichen Prinzips dar — eben des Zweckmäßigkeitsprinzips[17]. Organisationsrechtlich richtig ist allein die bestmögliche, zweckmäßigste Lösung; sie zu finden ist die rechtliche Aufgabe der Verwaltungsbehörden, die sich darin gegenseitig überwachen und kontrollieren.

Mit der Dienstpflicht des Beamten und der behördlichen Zweckmäßigkeitsaufsicht sind zwei Institute genannt, an denen sich eindeutig die rechtliche Relevanz des (absolut) Zweckmäßigen im staatlichen *Innen*verhältnis erweist. Auch insoweit ist das herrschende Dogma von der metarechtlichen Natur des Zweckmäßigen zu weit gefaßt. Der innenrechtliche Aspekt ist bislang viel zu kurz gekommen und wird nur selten berücksichtigt[18]. Der Grund dafür dürfte in der oft unkritisch oder unbewußt mitgeschleppten Vorstellung zu suchen sein, daß es im Innenbereich des Staates Recht nicht gebe[19]. Längt aber ist die „Impermeabilitätstheorie" *Paul Labands* überzeugend widerlegt worden[20]. Von ihren Nachwehen muß sich nun endlich die heutige Verwaltungsrechtslehre befreien. *Alle* Innenbeziehungen des Staates zu seinen Organwaltern und Organen sind echte Rechtsbeziehungen, die sich von Außenbeziehungen nicht durch den Mangel rechtlicher Qualität, sondern durch den anderen Geltungsbereich unterscheiden[21].

II. Der außenrechtliche Aspekt

Damit hat sich unser Problem — das Problem der Verrechtlichung des Zweckmäßigen[22] bei der Ermessensentscheidung — verengt auf das Außenverhältnis Staat—Bürger. Um ein innenrechtliches Rechtsprinzip handelt es sich ohnehin; wie aber ist es um die Existenz eines entsprechenden außenrechtlichen Rechtsprinzips der Zweckmäßigkeit bestellt? Nur so noch lautet die Frage.

---

[16] Dazu: *H. J. Wolff*, Verwaltungsrecht II, § 77 II (S. 96 ff.).

[17] Vgl. auch *Stein*, Wirtschaftsaufsicht, S. 110, der ausdrücklich darauf hinweist, daß die Aufsichtsbehörde nur dann zum Einschreiten befugt ist, wenn ihr Weg besser ist als der vom Unternehmensleiter gewählte.

[18] So etwa von *Obermayer*, NJW 1963, 1177 ff. (1182), Fußn. 46 und 47, der mit der Zweckmäßigkeitsaufsicht argumentiert.

[19] Vgl. *Laband*, Staatsrecht des Deutschen Reiches 5. Auflage Bd. II, S. 181.

[20] So von *Rupp*, Grundfragen, S. 19 ff.

[21] *Rupp*, Grundfragen, S. 21.

[22] Gemeint ist im folgenden nunmehr nur noch das „absolut" Zweckmäßige.

§ 3 Das Problem der absoluten Zweckmäßigkeit

Als einfacher und naheliegender Lösungsweg bietet sich die Suche nach außenrechtlicher Rezeption des in Beamtenpflicht und Zweckmäßigkeitsaufsicht sich niederschlagenden Innenprinzips an. Und sogleich fällt der Blick auf die Amtshaftung nach § 839 BGB und das Widerspruchsverfahren nach §§ 68 ff. VwGO, Einrichtungen, die ausdrücklich die Organwalterpflichten einer- und die staatliche Zweckmäßigkeitskontrolle anderenseits in Bezug nehmen.

1. Die Amtspflicht gegenüber einem Dritten (§ 839 BGB)

Nach § 839 I 1 BGB ist der Beamte, der schuldhaft „die ihm einem Dritten gegenüber obliegende Amtspflicht" verletzt, zum Ersatz des dem Dritten entstandenen Schadens verpflichtet. *Amts*pflicht bedeutet dabei nicht anderes als *Dienst*pflicht, so wie sie sich aus dem zugrundeliegenden Beamtenverhältnis ergibt[23]. Die Bestimmung des § 839 BGB basiert auf der Vorstellung, daß Dienstpflichten des Beamten auch im „Außenverhältnis" bestehen und — wie gerade im Falle ihrer Verletzung — rechtliche Wirkungen herbeiführen können. Welche Dienstpflichten dazu im einzelnen zählen, wird nicht gesagt. Entscheidend ist die Auslegung des auf die Außenwirkung abstellenden Merkmals der Amtspflicht *gegenüber einem Dritten*. Rechtsprechung und Lehre orientieren sich hier am Schutzzweck der jeweils verletzten Amtspflicht[24]. Diese muß dem Beamten zumindest *auch* im Interesse einzelner auferlegt sein. Dagegen genügt nicht, daß die Amtspflicht lediglich im allgemeinen öffentlichen Interesse oder im Interesse des Staates an einer ordnungsgemäßen Amtsführung besteht.

Betrachtet man unter diesem Aspekt die Dienstpflicht des Beamten zu optimal zweckmäßigem Handeln, so zeigt sich, daß zweifellos das Interesse des Dienstherrn an einer möglichst effektiven und rationalen Verwaltung im Vordergrund steht, unabhängig davon, welchen Inhalt die jeweilige Ermessensnorm aufweist. Dagegen müßte man bei der Frage, ob *auch* die Belange einzelner geschützt sein sollen, auf Inhalt und besonderen Schutzzweck der einschlägigen Ermessensnorm abstellen. Wenn nämlich die Norm selbst im Individualinteresse geschaffen ist und im Sinne der h. L. ein subjektives öffentliches Recht auf fehlerfreie Ermessensausübung gewährt, so kann der durch die Norm erst individualisierten Dienstpflicht jene Schutzwirkung nicht gut ab-

---

[23] *Soergel-Siebert-Glaser*, § 839 BGB Anm. 174; *Erman-Drees*, § 839 BGB Anm. 3 a. Zur Terminologie im BGB vgl. auch *BVerwGE* 17, 286 ff. (290 f.).
[24] Vgl. *Palandt-Thomas*, § 839 BGB Anm. 5; *Soergel-Siebert-Glaser*, § 839 BGB Anm. 187; *Erman-Drees*, § 839 BGB Anm. 3 b, aa; *BGHZ* 14, 319 ff. (322); 26, 232 ff. (234); 39, 358 ff. (362/363); *BGH, NJW* 1966, 1456 ff. (1456); *BVerwG*, VerwRspr. 19 Nr. 186 (S. 731).

II. Der außenrechtliche Aspekt

gesprochen werden. Die Dienstpflicht zur zweckmäßigsten Entscheidung obläge demnach Dritten gegenüber insoweit, als die Ermessensausübung selbst im Interesse Dritter zu erfolgen hätte.

Diese zwingende Konsequenz wird von der herrschenden Lehre nicht gezogen. Man geht vielmehr davon aus, daß generell die „lediglich unzweckmäßige" Ermessensentscheidung eine Amtspflichtverletzung i. S. des § 839 BGB nicht enthält[25]. Nach der Rechtsprechung ist der Tatbestand des § 839 BGB erst dann erfüllt, wenn der Beamte „willkürlich oder in so hohem Maße fehlsam gehandelt hat, daß sein Verhalten mit den an eine ordnungsgemäße Verwaltung zu stellenden Anforderungen schlechthin unvereinbar ist"[26]. Über die ohnehin schon als Rechtsfehler anerkannten Fälle des Ermessensmißbrauchs und der Ermessensüberschreitung weist diese Formel nicht hinaus[27], und nach *Wolff* ist sie auch insoweit noch zu eng[28]. Es wäre also falsch, in ihr einen über die Rechtsprinzipien relativer Zweckmäßigkeit hinausgehenden „Umschlag" objektiver Zweckwidrigkeit in Rechtswidrigkeit zu sehen[29].

Die Beschränkung der Beamtenhaftung bei der Ermessensausübung — unter Außerachtlassung des sonst einschlägigen Zweckkriteriums — ist für die h. L. ganz selbstverständlich und pflegt kurzerhand mit dem Hinweis auf das herrschende Dogma von der rechtlichen Irrelevanz des Zweckmäßigen begründet zu werden[30]. Die Berechtigung dieses Dogmas wäre aber gerade zu beweisen. Die Argumentation der h. L. läuft somit auf eine petitio principii hinaus.

Dem braucht freilich nicht weiter nachgegangen zu werden. So oder so bietet die Bestimmung des § 839 BGB keine geeignete Argumentationsbasis, da sie sich nicht auf das Verhältnis zwischen *Staat* und *Bürger* bezieht. § 839 BGB beruht noch auf der römisch-rechtlichen

---

[25] *Wolff*, Verwaltungsrecht I, § 64 I b 4 δ (S. 441); *Larenz*, Schuldrecht Bes. Teil, § 67 VII, S. 454; *Palandt-Thomas*, § 839 BGB Anm. 4 c; *Soergel-Siebert-Glaser*, § 839 BGB Anm. 179; *Drews-Wacke*, S. 165.
[26] RGZ 138, 259 ff. (263) mit umfangreichen Nachweisen aus eigener früherer Rechtsprechung; 147, 179 ff. (183); BGHZ 2, 209 ff. (214); 4, 302 ff. (311/312); 12, 206 ff. (208/209); 21, 256 ff. (260/261); 22, 258 ff. (262/263); 45, 143 ff. (146); BGH, VersR 1962, 421 ff. (422), 957 ff. (958).
[27] Die Formel wird zur Kennzeichnung der „Ermessensüberschreitung" verwandt von *Bachof*, SJZ 1948, 742 ff. (745) und *Klein*, JuS 1963, 277 ff. (278).
[28] *Wolff*, Verwaltungsrecht I, § 64 I b 4 δ (S. 441).
[29] In dieser Richtung aber anscheinend *Häberle*, Öffentliches Interesse, S. 455 f. Fußn. 114, S. 686 bei Fußn. 256 („deutlicher Umschlag der Zweckwidrigkeit in Rechtswidrigkeit").
[30] Typisch etwa RGZ 147, 179 ff. (183): „Auch die Vorschriften über die Staatshaftung geben den Gerichten kein Recht, die Grenzen zwischen Rechtsprechung und Verwaltung zu überschreiten und an Stelle des pflichtmäßigen Ermessens der zuständigen Verwaltungsstelle das eigene zu setzen."

Vorstellung, rechtswidrige Handhabung der Amtsgewalt könne dem Staat nicht zugerechnet werden, verbleibe vielmehr in der Privatsphäre des Beamten[31]. Richtig ist aber, daß auch insoweit der Beamte nur als Vollzieher, als Walter von Rechten und Pflichten des durch ihn handelnden Organisationsverbandes auftritt[32]. Alle Organwalterpflichten sind notwendig nach innen gerichtet; Amtspflichten im Außenverhältnis gibt es nicht[33]. Die einzig mögliche Konsequenz, den § 839 BGB wegen Gegenstandslosigkeit für rechtsungültig zu erklären, zieht die h. L. nur deshalb nicht, weil die Haftungsübernahme durch den Staat gem. Art. 34 GG dem Modell staatlicher Eigenhaftung wenigstens im Ergebnis nahekommt und überdies durch das Institut des enteignungsgleichen Eingriffs ergänzt wird. Um so nachdrücklicher muß demgegenüber betont werden, daß es sich bei der Haftung des Staates aus § 839 BGB, Art. 34 GG gerade nicht um originäre staatliche Eigenhaftung, Staatshaftung im eigentlichen Sinne handelt[34].

Da sich das Problem der außenrechtlichen Relevanz des Zweckmäßigen bei Ermessensentscheidungen allein im Verhältnis Staat—Bürger stellt, erscheint die Betrachtung des Verhältnisses zwischen Organwalter und Bürger müßig. Aus § 839 BGB lassen sich demnach keine Aufschlüsse für die hier zu behandelnde Problematik gewinnen.

2. Die Überprüfung der Zweckmäßigkeit im Widerspruchsverfahren nach §§ 68 ff. VwGO

Einen besseren Ansatzpunkt bietet das Widerspruchsverfahren nach §§ 68 ff. VwGO. Der Bürger ist in der Lage, durch Erhebung des Widerspruchs eine Zweckmäßigkeitskontrolle der Verwaltung in Gang zu setzen. Im Gegensatz zur Organwalterpflicht ist dieses Verfahren unmittelbar im Spannungsverhältnis zwischen Staat und einzelnem angesiedelt[35]. Denkbar ist also, daß über das Widerspruchsverfahren jenes der Zweckmäßigkeitsaufsicht zugrunde liegende Innenrechtsprinzip optimal zweckmäßigen Verwaltungshandelns außenrechtlichen Charakter annimmt. Die Pflicht der Behörden zur Erzielung höchster Zweckmäßigkeit bestünde dann auch gegenüber dem Bürger.

Die h. L. nimmt jedoch die besondere Gestaltung des Widerspruchsverfahrens nicht zum Anlaß, ihre These von der metarechtlichen Natur

---

[31] *Soergel-Siebert-Glaser*, § 839 BGB Anm. 4.
[32] *Rupp*, Grundfragen, S. 35/36.
[33] *Rupp*, Grundfragen, S. 35, 38.
[34] So zu Recht *Heidenhain*, Amtshaftung und Entschädigung aus enteignungsgleichem Eingriff, S. 41 ff.
[35] *Menger-Erichsen*, VerwArch 57 (1966), 270 ff. (283).

II. Der außenrechtliche Aspekt

des Zweckmäßigen zu korrigieren. Konsequent ist das, soweit sie dem Widerspruchsverfahren jegliche Rechtsschutzfunktion abspricht und seine Funktionen auf die Entlastung der Gerichte („Filtereffekt") und die Selbstkontrolle der Verwaltung beschränkt[36]. Bei dieser Sicht der Dinge gewährt in der Tat das Widerspruchsverfahren dem Bürger nur tatsächliche Vorteile, begünstigende Reflexe objektiven Rechts. Das Gleiche gilt wenigstens im Hinblick auf die Zweckmäßigkeitskontrolle, soweit man eine Rechtsschutzfunktion nur der verwaltungsbehördlichen „Rechtmäßigkeitskontrolle" zugesteht[37]. Dagegen läßt sich die uneingeschränkte Anerkennung der Rechtsschutzfunktion der §§ 68 ff. VwGO[38] mit dem herrschenden Dogma nur schwer vereinbaren. Diese Paarung ist allenfalls dann unter einen Hut zu bringen, wenn der durch Zweckmäßigkeitskontrolle gewährte „Rechtsschutz" (!) nicht zugleich im Sinne von „Rechtmäßigkeitsschutz" verstanden wird[39]; eine Terminologie, die allerdings recht ungewöhnlich ist und kaum Zustimmung verdient.

Wie immer dem auch sei — die erheblichen Meinungsgegensätze hinsichtlich der Funktionen des Widerspruchsverfahrens stellen einen Unsicherheitsfaktor dar, der die Argumentation beeinträchtigt. Ein sicherer Nachweis außenrechtlicher Rezeption des Innenprinzips der Zweckmäßigkeit ist daher beim Widerspruchsverfahren nicht möglich. Hinzu kommt, daß auch hier das festgefahrene Dogma von der metarechtlichen Natur des Zweckmäßigen ein ungünstiges „Vorverständnis" hervorgebracht hat, welches — nicht anders als im Falle des § 839 BGB — einer unvoreingenommenen, objektiven Betrachtungsweise abträglich ist.

Das Problem muß daher von einer anderen Seite angegangen werden. Da sich die herrschende Ermessenskonzeption wegen des Vorverständnisses nicht „von außen" her, d. h. mit Hilfe anderer Institute des einfachen Rechts, erschüttern läßt, bleibt nur der Weg, sie „von innen" her in Frage zu stellen. Innere Folgerichtigkeit und Struktur der Ermessensnorm sind dabei die Maßstäbe, an denen die herrschende

---

[36] So: *Eyermann-Fröhler*, § 73 VwGO Anm. 7; *Menger*, VerwArch 54 (1963), 198 ff. (200); *Freitag*, VerwArch 56 (1965), 314 ff. (325); *Tschira/Schmitt-Glaeser*, Grundriß des Verwaltungsprozeßrechts, S. 84; *Redeker/von Oertzen*, § 68 Anm. 2; *OVG Lüneburg*, DÖV 1966, 66 f. (66).
[37] So *Löwer*, MDR 1965, 92 ff. (93).
[38] So: *Bettermann*, DVBl. 1959, 308 ff. (311); *Schiedermair*, BayVBl. 1961, 357 ff. (359); *Weides*, JuS 1964, 275 ff. (275); *Stich*, Jus 1964, 381 ff. (390); *Menger-Erichsen*, VerwArch 57 (1966), 270 ff. (283); ders. VerwArch 59 (1968), 167 ff. (182); *Simon*, BayVBl. 1969, 100 f. (100); *v. Mutius*, Widerspruchsverfahren, S. 38 f., 114 f., 122 ff. Ebenso für das Vorverfahren nach §§ 228 ff. AO: *Tipke - Kruse*, Vor § 228 Anm. a.
[39] Vgl. dazu *v. Mutius*, aaO. S. 38 f.

Konzeption zu messen ist. Beide wiederum ordnen sich der Verfassung als höchstem Maßstab unter. Drei Problemkreise geraten auf diese Weise ins Blickfeld: einmal die Vereinbarkeit von „immanenten Ermessensschranken" und Freiheitsspielraum, sodann der strukturelle Vergleich von „unbestimmtem Rechtsbegriff" und Ermessen, schließlich das überspannende und letztlich entscheidende Problem von Freiheitsspielräumen im Rechtsstaat. Es ist kein Zufall, daß damit „allergische" Punkte der Ermessenslehre genannt sind, die von Anfang an einen „Ermessensschwund" gefördert haben. Erinnert sei an die drei großen Wandlungen in der Geschichte des Ermessens: die verfassungsrechtlich bedingte Unterstellung des Ermessens unter das Gesetz, die Ausklammerung der unbestimmten Rechtsbegriffe aus dem Ermessen und Beschränkung desselben auf die Rechtsfolgenseite der Norm, drittens die Erarbeitung einer diffizilen Schrankensystematik. Die Konsequenzen dieser Vorgänge haben so manchen Vertreter der h. L. das Fürchten gelehrt[40]. Das „Rad der Geschichte" läßt sich indes nicht mehr zurückdrehen[41]. Die Wandlungen der deutschen Ermessenslehre müssen vielmehr Anlaß sein, die herrschende Ermessenskonzeption erneut zu überdenken. Das soll nun im folgenden auf der Grundlage der beschriebenen Problemkreise geschehen.

---

[40] So etwa warnt *Ossenbühl* vor Tendenzen und Gefahren der neueren Ermessenslehre; vgl. DÖV 1968, 618 ff. und DÖV 1970, 84 ff.
[41] Vgl. den dahingehenden Vorwurf, den *Kellner* gegenüber *Ossenbühl* erhebt, DÖV 1969, 309 ff. (312).

§ 4 Die Vereinbarkeit von Freiheitsspielraum und immanenten Ermessensschranken

Nach erfolgter Dezimierung des herrschenden Dogmas durch die Prinzipien relativer Zweckmäßigkeit und das innenrechtliche Zweckmäßigkeitsprinzip dürfte man erwarten, daß endlich der Punkt erreicht ist, an dem die h. L. die der Verwaltung verheißene Wahlfreiheit beginnen läßt. Das jedoch ist nicht der Fall. Für die weitere rechtliche Determinierung des Ermessens im Bereiche des Zweckmäßigen sorgen die „immanenten Ermessensschranken". Gegenüber dieser Konstruktion ist schon öfters der Vorwurf innerer Widersprüchlichkeit und mangelnder Folgerichtigkeit erhoben worden[1]. Und in der Tat ist zweifelhaft, ob sich mit der Lehre von den immanenten Ermessensschranken die herrschende Ermessenslehre nicht selbst wieder in Frage stellt.

I. Die Lehre von den immanenten Schranken des Ermessens

Die h. L. unterscheidet äußere und innere („immanente", „inhaerente") Ermessensschranken. Sie beruft sich dabei auf § 114 VwGO, der den Verwaltungsgerichten zu überprüfen aufgibt, ob „die gesetzlichen Grenzen des Ermessens überschritten oder von dem Ermessen in einer dem Zweck der Ermächtigung nicht entsprechenden Weise Gebrauch gemacht ist"[2]. Die äußeren Schranken oder — wie § 114 VwGO es ausdrücken soll — „gesetzlichen Grenzen des Ermessens" bestehen in den vom Recht benannten negativen oder positiven Voraussetzungen der Ermessensausübung, kennzeichnen also den äußeren Rahmen, innerhalb dessen nach Ermessen gehandelt werden kann. Dazu zählen nicht nur die aus dem abstrakten spezialgesetzlichen Rahmen sich ergebenden Ermessensgrenzen, sondern *alle* Rechts- und Verfassungsgrundsätze, die das Ergebnis der Ermessensentscheidung objektiv determinieren; so etwa die Prinzipien relativer Zweckmäßigkeit (Geeignetheit, Zulänglichkeit, Erforderlichkeit und Verhältnismäßigkeit)[3]. Der Verstoß

---

[1] Vgl. z. B. *Rupp*, Grundfragen, S. 211 f.
[2] So *Stern*, Ermessen, S. 27; *Wolff*, Verwaltungsrecht I, § 31 II d (S. 173); ebenso im Hinblick auf den gleichlautenden § 23 III MRVO 165: *Fachinger*, NJW 1949, 244 ff. (244).
[3] *K. H. Klein*, JuS 1963, 277 ff. (278); *Eyermann-Fröhler*, VwGO, § 114 RN 16; *Bender*, Allgemeines Verwaltungsrecht, S. 118.

gegen diese „äußeren", objektiven Schranken wird überwiegend als „Ermessensüberschreitung" bezeichnet[4]. Die Ermessensüberschreitung ist schon nach der h. L. kein eigentlicher „Ermessensfehler", weil es sich hier nicht um eine gerade beim Ermessen bestehende Besonderheit, sondern um einen alltäglichen Fall der Rechtswidrigkeit (Verstoß gegen das Prinzip der Gesetzmäßigkeit der Verwaltung) handelt[5].

Von eigentlichen Ermessensfehlern i. S. der h. L. kann nur bei Verstößen gegen die inneren Ermessensschranken die Rede sein, in den Fällen des so bezeichneten „Ermessensfehlgebrauchs" oder „Ermessensmißbrauchs"[6]. Der Fehler liegt hier nicht im objektiven, sondern im subjektiven Bereich; er betrifft nicht das in der „Außenwelt" sichtbar werdende Ergebnis der Ermessensausübung, sondern die subjektiven Erwägungen, die zu diesem Ergebnis geführt haben[7]. Die immanenten Schranken sind Schranken im Bereich der Motivation. So muß sich vor allem die Behörde von sachlichen Beweggründen leiten lassen; sie darf nicht zweck- bzw. sachfremde Erwägungen anstellen und dadurch das ihr eingeräumte Machtmittel „entfremden"[8]. Für das Polizeirecht hat diesen Fehlergrund der Zweckentfremdung oder Zweckverfehlung das

---

[4] *Fachinger*, NJW 1949, 244 ff. (244); *Bachof*, SJZ 1948, 742 ff. (744); *K. H. Klein*, aaO. S. 278; *Klinger*, VwGO, § 42 Anm. G IV (S. 223); *Eyermann-Fröhler*, aaO. § 114 RN 16. Abweichend von der vorherrschenden Terminologie beschränken den Begriff der Ermessensüberschreitung auf „abstrakte Verhaltensfehler", auf die Überschreitung des äußeren spezialgesetzlichen Rahmens also: *Wolff*, Verwaltungsrecht I, § 31 II d 1 (S. 173); *Obermayer*, NJW 1963, 1177 ff. (1184).

[5] *Stern*, Ermessen, S. 27; *Ehmke*, Ermessen, S. 44; *Obermayer*, NJW 1963, 1184. Schon *Bühler*, Die subjektiven öffentlichen Rechte, S. 206, hatte sich dagegen gewandt, die gerichtliche Prüfung der „Ermessensüberschreitung" als echte Ermessenskontrolle zu bezeichnen.

[6] Die Terminologie ist nicht einheitlich. Häufig wird der Begriff des Ermessensmißbrauchs eingeengt auf die „sachfremden Beweggründe", die nur einen besonderen Fall fehlsamer Ermessenshandhabung ausmachen. So etwa *Bachof*, SJZ 1948, 742 ff. (745); *Fachinger*, NJW 1949, 244 ff. (247); *Bender*, Allgemeines Verwaltungsrecht, S. 117 f.; *Eyermann-Fröhler*, VwGO, § 114 RN 25.

[7] *Bachof*, SJZ 1948, 745; *Fachinger*, aaO. S. 245; *K. H. Klein*, JuS 1963, 277 ff. (278); *Weides*, JuS 1964, 112 ff. (115); *Eyermann-Fröhler*, VwGO, § 114 RN 19. Zu einem weiteren, auch objektive Mängel umfassenden Begriff des Ermessensfehlgebrauchs oder Ermessensmißbrauchs kommen solche Autoren, die den Begriff der Ermessensüberschreitung auf die Verletzung des abstrakten spezialgesetzlichen Handlungsrahmens beschränken. Vgl. *Wolff*, Verwaltungsrecht I, § 31 d II 2 (S. 174 f.), der zwischen objektivem und subjektivem Ermessensfehlgebrauch unterscheidet; ferner *Obermayer*, NJW 1963, 1177 ff. (1184), der einem „Ermessensmißbrauch im weiteren Sinne" einen „Ermessensmißbrauch im engeren Sinne" gegenüberstellt.

[8] *Bachof*, SJZ 1948, 745; *Fachinger*, aaO. S. 247; *K. H. Klein*, aaO. S. 278; *Weides*, aaO. S. 115; *Obermayer*, NJW 1963, 1177 ff. (1184); *ders*. Grundzüge, S. 48; *Wolff*, Verwaltungsrecht I, S. 175; *Eyermann-Fröhler*, VwGO, § 114 RN 25; *Bender*, Allgemeines Verwaltungsrecht, S. 117 f.; *VG Stuttgart*, DÖV 1949, 179 Nr. 16 und Nr. 17.

preußische OVG herausgearbeitet, indem es in ständiger Rechtsprechung die Annahme einer einwandfreien polizeilichen Maßnahme vom Vorliegen polizeilicher Motive („polizeiliche Gründe") abhängig machte[9]. Ein Ermessensfehlgebrauch liegt ferner im Falle fehlender oder unvollständiger Zweckmäßigkeitserwägungen vor[10], darüber hinaus bei Irrtümern, sei es hinsichtlich der tatsächlichen Verhältnisse (Sachverhaltsirrtum)[11], sei es hinsichtlich der Möglichkeit und Reichweite der Ermessensausübung[12].

II. Die Rechtsgrundlage der immanenten Schranken

Mühe hat die herrschende Lehre mit der Rechtsgrundlage für die immanenten Ermessensschranken[13]. Mit dem Hinweis auf das Gebot der Pflichtmäßigkeit des Ermessens ist es nicht getan. Denn seit jeher war umstritten, auf welche Pflicht mit jenem Terminus Bezug genommen werde.

1. Nach *Bernatzik*, der überhaupt als erster für die Pflichtmäßigkeit des Ermessens eintrat, handelte es sich um die allgemeine Dienstpflicht des Beamten, so zu handeln, wie es nach seiner Ansicht dem öffentlichen Interesse am besten entspricht[14]. Ein nachweisbarer Verstoß gegen diese Verhaltensnorm begründe nicht nur die strafrechtliche und disziplinarische Verantwortlichkeit des handelnden Organwalters, sondern auch die Aufhebbarkeit des betreffenden Ermessensakts durch das Verwaltungsgericht[15].

Auch in der modernen Lehre findet sich zuweilen noch die Auffassung, daß mit dem Merkmal der Pflichtmäßigkeit des Ermessens die Bindung des Organwalters an die durch die Rechtsordnung, insbeson-

---

[9] *PrOVGE* 50, 361 ff. (363); 54, 261 ff. (265); 71, 428 ff. (431).
[10] *Obermayer*, NJW 1963, 1177 ff. (1184); *ders.* Grundzüge, S. 48; *Wolff*, Verwaltungsrecht I, S. 175; *LVG Minden*, DVBl. 1951, 478 f. (478); *OVG Koblenz*, AS 1, 165 ff. (177); *VG Stuttgart*, DÖV 1949, 179 Nr. 16; *BVerwGE* 9, 9 ff. (14); 10, 176 ff. (180).
[11] *Eyermann-Fröhler*, aaO. RN 20; *BVerwGE* 8, 46 ff. (52); 22, 215 ff. (218).
[12] *Klinger*, VwGO, § 42 G IV a (S. 224); *Eyermann-Fröhler*, aaO. RN 20; *OVG Lüneburg*, OVGE 10, 369 ff. (373); *OVG Hamburg*, VerwRspr. 5 Nr. 189 (S. 887); *BVerwGE* 3, 297 ff. (302).
[13] Nur selten konnten sich die Gerichte auf ausdrückliche konkrete Regelungen beziehen. Ein Beispiel bietet der § 30 des preußischen Zuständigkeitsgesetzes von 1876, welcher die gerichtliche Kontrolle darauf erstreckt, ob die Behörde bei ihrer Entscheidung von den richtigen Voraussetzungen ausgegangen ist. Vgl. *PrOVGE* 2, 390 ff. (392 f.); 7, 304 ff. (306), 389 ff. (392).
[14] *Bernatzik*, Rechtsprechung, S. 41, 44 f.; *ders.* in Grünhut Bd. 18, 148 ff. (156).
[15] So in Rechtsprechung, S. 45 f. und in Grünhut Bd. 18, S. 159.

dere die Beamtengesetze, normierten Amtspflichten angesprochen sei[16]. Gegenüber solchen Konstruktionen wird zu Recht eingewandt, daß die Dienstpflicht nur intern bindet, im Außenverhältnis aber keinerlei Rechtswirkungen äußert, eine Tatsache, an der auch § 839 BGB nichts zu ändern vermag[17]. Überdies wäre, wollte man über § 839 einen „Umschlag" der innenrechtlichen Organwalterpflicht ins Außenrecht befürworten und hieran die Pflichtgemäßheit des Ermessens orientieren, ein schönerer Zirkelschluß nicht denkbar; denn bei der Bestimmung der Amtspflichten i. S. des § 839 BGB bezieht sich die h. L. wiederum auf ihre Ermessenskonzeption samt immanenten Schranken[18]. Dieser Weg ist also gewiß nicht gangbar.

2. Einen besseren Ansatzpunkt bot der neueren deutschen Ermessenslehre die französische Lehre vom „détournement de pouvoir", die als erster *v. Laun* übernahm und für die Konstruktion immanenter Ermessensschranken fruchtbar machte[19]. Zwar ist bis heute nicht geklärt, ob dieses Institut den ganzen Bereich der immanenten Schranken oder nur den speziellen Fall unzulässiger behördlicher Zielsetzung („Zweckentfremdung" oder „Zweckverfehlung") betrifft[20]. Entscheidend ist jedoch, daß das „détournement de pouvoir" den Blick auf den Zweck der Ermessensnorm lenkte und dessen Bedeutung als verbindliche Ermessensdirektive bewußt werden ließ[21]. Rechtsgrundlage der immanenten Schranken war fortan der Normzweck; ihm wurde von der herrschenden Lehre determinierende Wirkung wenigstens im subjektiven Bereich der behördlichen Motivation zuerkannt.

Entsprechend dient der heutigen Lehre als Aufhänger für die immanenten Schranken der § 114 VwGO 2. Alt., der eine dem *Zweck der Ermächtigung* entsprechende Ermessensausübung verlangt. Daß § 114 VwGO 2. Alt. den Tatbestand des Ermessensfehlgebrauchs in „objektivierter Form" wiedergibt, soll nicht als Aufgabe des Kriteriums der Fehlmotivation und als Ausdehnung des Ermessensfehlgebrauchs auf objektive Mängel mißzuverstehen sein; damit wolle vielmehr die Vorschrift nur klarstellen, daß die fehlsame Motivation nicht auf subjektivem Verschulden der Behörde zu beruhen brauche[22]. Ob diese Begründung sich halten läßt, wird noch zu prüfen sein. Es kann aber

---

[16] So *German*, Festgabe für Ruck, S. 173 ff. (178); *Stern*, Ermessen, S. 18.
[17] Vgl. oben § 3 II 1 bei Fußn. 31 ff.
[18] Vgl. oben § 3 II 1 bei Fußn. 25 ff.
[19] *v. Laun*, Das freie Ermessen, S. 118 ff.
[20] Zu diesem Problem: *Steindorff*, Nichtigkeitsklage, S. 79 ff.
[21] Diesen Aspekt in vorbildlicher Weise herausgearbeitet zu haben, ist das Verdienst von *Jöhr*, Verwaltungsgerichtliche Überprüfung des administrativen Ermessens, insbes. auf S. 140, 143, 153, 193 ff., 201 ff.
[22] So *Stern*, Ermessen, S. 28 ff.

schon jetzt festgehalten werden, daß der Auslegung des § 114 2. Alt. VwGO eine wesentliche Bedeutung im Streit der möglichen Ermessenskonzeptionen zukommt.

III. Kritik an der Lehre von den immanenten Schranken und eigenes Lösungsmodell

Die Kritik an der Lehre von den immanenten Ermessensschranken muß an zwei Punkten ansetzen. Sie betrifft einmal die Terminologie, sodann die Art und Weise der dem Normzweck zugesprochenen Einwirkung auf die Ermessensentscheidung.

1. Die Terminologie

Verfehlt ist der Ausdruck „immanente Ermessensschranken". Jede Schranke bedeutet Bindung. Bei den immanenten Schranken handelt es sich demnach um rechtliche Bindungen. Wie aber soll es innerhalb rechtlicher Ungebundenheit, als welche die h. L. das Ermessen definiert, rechtliche Bindung geben können? Diese Konstellation ist offensichtlich nicht möglich, da Bindung Bindungslosigkeit aufhebt. Die Behauptung „innerer Ermessensschranken" läuft somit auf eine „contradictio in adiectu" hinaus[23]. Das gleiche gilt für die Floskel vom „pflichtgemäßen Ermessen": auch hier enthält die Paarung von Wahl*freiheit* und *Pflicht* einen Widerspruch in sich[24].

Die richtige Lösung wurde schon etliche Jahrzehnte zuvor von *Ulrich Scheuner*[25] und im Anschluß daran von *Eduard Jöhr*[26] entwickelt und dargestellt. Wo immer rechtliche Schranken (Richtlinien, Bindungen) bestehen, herrscht rechtliche Gebundenheit, geht es um Rechtsanwendung[27]. Von freier Wahl zwischen mehreren Verhaltensweisen kann von vornherein keine Rede sein. Die Vorstellung, es werde ein vorgegebener Freiheitsspielraum im nachhinein durch irgendwelche „imputierten" Schranken „amputiert"[28], ist gekünstelt und überflüssig; des-

---

[23] *Scheuner*, VerwArch 33, 68 ff. (73/74); *Jöhr*, aaO. (Fußn. 21), S. 132, 169 Fußn. 167; *Merkl*, Allgemeines Verwaltungsrecht, S. 149, 154.
[24] *Scheuner*, VerwArch 33, 74; *Rupp*, Grundfragen, S. 211 f.
[25] In VerwArch Bd. 33 (1928), S. 68 ff. (insbes. S. 73 ff.).
[26] „Die verwaltungsgerichtliche Überprüfung des administrativen Ermessens", S. 129—137, 169 ff.
[27] *Scheuner*, VerwArch 33, 81 ff.; *Jöhr*, aaO. S. 135, 173.
[28] Besonders deutlich zeigt sich diese Vorstellung etwa bei *Obermayer*, NJW 1963, 1177 ff. (1181 f., 1183), der bei der Ermessensbetätigung zwei Vorgänge unterscheidet: (a) Ermittlung des „eine echte Wahlentscheidung (!) ermöglichenden Ermessensspielraums", sodann (b) Einengung dieses Spielraums (!) durch immanente Schranken.

gleichen jenes in der „Ermessensschrumpfung auf Null"[29] sich darbietende Bild völliger nachträglicher Demontage des ursprünglichen Freiheitsraumes. Für den Verstoß gegen die angeblichen „immanenten Ermessensschranken" gilt dasselbe, was die herrschende Lehre im Fall der Verletzung „äußerer Ermessensschranken" (Ermessensüberschreitung) bereits erkannt hat: Hier wie dort handelt es sich schlicht und einfach um Rechtswidrigkeit[30], um „Außerachtlassung gesetzlicher Gebundenheit da, wo sie gelten soll"[31]. In jedem Fall werden gesetzliche Grenzen verletzt. Von daher besteht kein Unterschied zwischen „äußeren" und „inneren Ermessensschranken"[32]. Die alternativische Formulierung in § 114 VwGO erweist sich teilweise als Tautologie, da „zweckwidriger Ermessensgebrauch" nur einen besonderen Fall der an erster Stelle genannten Grenzüberschreitung darstellt.

Es ist nun nicht so, daß die herrschende Lehre sich dieser — im Grunde recht banalen — Zusammenhänge überhaupt nicht bewußt wäre. Gerade in neuester Zeit rückt man zunehmend vom früher behaupteten scharfen Gegensatz zwischen Ermessen und Rechtsanwendung ab[33]. Die kritische Stellungnahme von *Rupp*[34] hat insoweit läuternd gewirkt. Die endgültige Trennung von der bisherigen verfehlten Terminologie dürfte nur noch eine Frage der Zeit sein.

2. Das Problem des Ausmaßes gesetzlicher Gebundenheit beim Ermessen

Wichtiger als die Terminologie ist die *Sache*, in unserem Zusammenhang also das *Ausmaß* der in den „immanenten Schranken" sich manifestierenden, vom Gesetzeszweck ausgehenden rechtlichen Gebundenheit beim Ermessen. Hier aber unterscheiden sich *Scheuner* und *Jöhr* von der h. L. nicht eigentlich[35]. Wohl haben sie die starre terminologische

---

[29] Vgl. dazu H. J. *Wolff*, Verwaltungsrecht I, § 31 II e 2 (S. 176); *Schmidt-Salzer*, VerwArch 60 (1969), 261 ff. (278 f.); BVerwGE 11, 95 ff. (97).

[30] *Scheuner*, VerwArch 33, 73.

[31] Vgl. *Klein*, AöR 82, 75 ff. (93) zum „Ermessensmißbrauch".

[32] Auch *Häberle* weist auf die Fragwürdigkeit dieser Unterscheidung hin: Öffentliches Interesse, S. 695.

[33] Vgl. *Badura*, DÖV 1968, 446 ff. (452 f.); *Ossenbühl*, Verwaltungsvorschriften, S. 321; *Müller*, DÖV 1969, 119 f. (122). Die *völlige* Gleichsetzung von Ermessensausübung und Rechtsanwendung über den Bereich der „immanenten Schranken" hinaus würde keinerlei Wahlfreiheit mehr zulassen und käme damit der Aufgabe des herrschenden Dogmas gleich. Das übersieht *Müller*, aaO. S. 122. Richtig gesehen von *Ossenbühl*, aaO. S. 321/322, der die Gleichsetzung von „Ermessensausübung" und Rechtsanwendung nur im Bereich der „heteronomen Ermessensdeterminanten" (Ermessensschranken) befürwortet.

[34] Grundfragen, S. 177 ff.

[35] Was *Rupp* zum Anlaß nahm, *Scheuner* und *Jöhr* Inkonsequenz vorzuwerfen; vgl. Grundfragen, S. 202 Fußn. 324.

Grenze zwischen Rechtsanwendung und Ermessen verschoben und eine flexible, vom Ausmaß der „gesetzlichen Richtlinien" abhängige Grenzziehung befürwortet[36]. Jenseits dieser Richtlinien aber sahen auch sie noch einen Raum, in dem sich freies Ermessen im Sinne freier Wahl zwischen mehreren Verhaltensmöglichkeiten entfalten konnte[37]. Bezeichnenderweise knüpfte Jöhr bei der Bestimmung des Bereichs gesetzlicher Bindung — nicht anders als die h. L. bei Bestimmung ihrer „immanenten Schranken" — an der Lehre vom détournement de pouvoir an[38]. Die praktischen Ergebnisse konnten daher nicht wesentlich anders ausfallen, sieht man einmal von der persönlichen Note ab, die sich bislang noch jeder Autor bei der Interpretation des détournement de pouvoir gegönnt hat.

Der eigentlich springende Punkt, in dem die Geister sich auch in der Sache scheiden, betrifft die Frage nach dem Umfang der gesetzlichen Gebundenheit bzw. — im Sinne der noch herrschenden Terminologie — nach der Reichweite der „immanenten Schranken". An dieser Stelle laufen die eingangs beschriebenen möglichen Ermessenskonzeptionen[39] auseinander. Nach der h. L. lassen die immanenten Schranken wenigstens grundsätzlich einen Freiheitsspielraum übrig. Nach der Gegenkonzeption ist der Umfang gesetzlicher Gebundenheit „total", führen also, um es mit den Worten der herrschenden Lehre auszudrücken, in jedem Fall „immanente Ermessensschranken" zur „Ermessensschrumpfung auf Null". Damit ist das eigentliche Problem aufgezeigt. Es gilt zu klären, worin die — fälschlicherweise unter dem Titel „immanente Ermessensschranken" firmierenden — gesetzlichen Richtlinien der Ermessensausübung bestehen und ob sie etwa soweit reichen, daß Freiheitsspielräume schlechthin ausgeschlossen sind.

a) Wie bereits dargelegt, bezieht die herrschende Lehre ihre immanenten Ermessensschranken in Anlehnung an die Lehre vom détournement de pouvoir aus dem Zweck der jeweiligen Ermessensnorm. Auf den Normzweck aber stützt sich auch die Gegenmeinung; in ihm erblickt sie den verbindlichen Maßstab, der Ermessensausübung letztlich in Rechtsanwendung aufgehen läßt. Dies zeigt sehr klar die Begriffsbestimmung von *Rupp*, derzufolge Ermessensausübung „*topisch-teleologische* Rechtsanwendung" bedeutet und Orientierung an den „in das Recht eingebetteten Werturteilen und Zweckvorstellungen" erfordert[40]. Da beiden Ermessenskonzeptionen die ratio legis der Ermessensnorm

---

[36] *Scheuner*, VerwArch 33, S. 68, 81, 85; *Jöhr*, aaO. (Fußn. 26), S. 132 ff., 173.
[37] *Scheuner*, VerwArch 33, 85; *Jöhr*, aaO. (Fußn. 26), S. 133 ff., 169/170.
[38] *Jöhr*, aaO. (Fußn. 26), S. 146 ff., 174 ff.
[39] Vgl. oben § 1 nach Fußn. 3.
[40] *Rupp*, Grundfragen, S. 194, 195 Fußn. 290.

als Basis und Anknüpfungspunkt dient, können die Differenzen nur damit erklärt werden, daß hinsichtlich der Art und Weise der vom Normzweck ausgehenden Ermessensdeterminierung unterschiedliche Vorstellungen bestehen. Das sei im folgenden kurz skizziert:

aa) Einmal kann die Einwirkung des Normzwecks in der Weise verstanden werden, daß dieser über den aus ihm abzuleitenden Maßstab der „Normzweckmäßigkeit" die zu ergreifende Verhaltensalternative im konkreten Einzelfall *objektiv* determiniert. Rechtlich zulässig ist dann nur diejenige Verhaltensalternative, die dem Zweck am nächsten kommt, ihm am gerechtesten wird, kurz: die in Anlehnung des Gesetzeszwecks zweckmäßigste Verhaltensweise. Da es wenigstens der Idee nach eine zweckmäßigere oder zweckmäßigste Entscheidung immer gibt, bedeutet objektive Determinierung durch den Gesetzeszweck zugleich Richtigkeit nur einer Entscheidung und damit die Geltung des Prinzips der einen und nur einen richtigen Entscheidung auch bei der Ermessensausübung.

bb) Diese Konsequenz steht in direktem Gegensatz zur herrschenden Ermessenskonzeption. Die herrschende Lehre geht denn auch nicht von einer objektiven, das Ergebnis determinierenden Wirkungsweise des Normzwecks aus. Dem Einfluß des Normzwecks unterwirft sie vielmehr die intrasubjektive Motivation des handelnden Verwaltungssubjekts: diese muß übereinstimmen mit dem gesetzlich vorgeschriebenen Zweck; die Behörde darf nicht andere, abweichende Zielsetzungen verfolgen und ist gehalten, sorgfältige und vollständige Zweckmäßigkeitserwägungen unter Zugrundelegung des richtigen Sachverhalts anzustellen. Ob sie sodann die objektiv zweckmäßigste Entscheidung trifft, ist gleich. Bei lediglich objektiver Abweichung der Ermessensentscheidung von dem der Verwaltung gesetzten Zweck („objektiver Unzweckmäßigkeit") ist der Tatbestand des „Ermessensfehlgebrauchs" nicht erfüllt[41]. Sofern nicht schon die intrasubjektiven Bindungen zur „Ermessensschrumpfung" führen, bleibt eine äußere Wahlfreiheit der Verwaltung erhalten.

cc) Eine dritte Möglichkeit besteht darin, die beiden soeben geschilderten Standpunkte zur Wirkungsweise des Normzwecks bei der Ermessensausübung zu kombinieren, am Normzweck also sowohl die Motivation der Behörde als auch das objektive, in die Außenwelt tretende Ergebnis der Ermessensbetätigung zu messen. Dann unterläge einerseits die Behörde im Bereich der Motivation den von der h. L. in umfangreicher Kasuistik herausgearbeiteten Bindungen. Andererseits wäre zusätzlich und abweichend von der h. L. eine Bindung auch im objektiven Bereich gegeben, eine äußere Wahlfreiheit also wie bei der zuerst wiedergegebenen Theorie ausgeschlossen.

---

[41] *Steindorff*, Nichtigkeitsklage, S. 78. Vgl. im übrigen die Nachweise in § 1 Fußn. 9—11.

III. Eigenes Lösungsmodell

b) Es haben sich damit hinsichtlich der Wirkungsweise des Normzwecks bei der Ermessensausübung drei verschiedene Standpunkte ergeben, von denen der erstgenannte und der letztgenannte völlige gesetzliche Gebundenheit beim Ermessen annehmen und sich in diesem Punkt scharf von der an zweiter Stelle beschriebenen h. L. abheben. An Hand eines praktischen Beispiels und seiner Behandlung können die verschiedenen Standpunkte verdeutlicht werden:

Im Polizeirecht ist die Auswahl zwischen mehreren Personen, die als Störer oder — im Falle des sog. polizeilichen Notstandes — als Nichtstörer zur Beseitigung einer Gefahr für die öffentliche Sicherheit und Ordnung in Betracht kommen, ein gängiges Problem. So mußten insbesondere in der unmittelbaren Nachkriegszeit die Wohnungsämter bei der Erfassung von Wohnraum zur Einweisung von Obdachlosen derartige Auswahlentscheidungen treffen[42]. Man nehme nun einmal an, es stünden in einem solchen Fall dem Wohnungsamt zwei Wohnungsinhaber zur Verfügung, die durch die Erfassung und Einweisung gleichermaßen belastet wären. Die Wahl ist also nicht bereits durch das Prinzip der „Billigkeit"[43] in einer bestimmten Richtung festgelegt. Wohnungswirtschaftliche Gesichtspunkte allerdings sprächen für die Inanspruchnahme des Wohnungsinhabers A, da dieser die durch die Obdachlosigkeit hervorgerufene Störung der öffentlichen Ordnung besser und wirksamer beseitigen kann als der Wohnungsinhaber B[44].

aa) Entscheidet sich nun das Wohnungsamt auf Grund der wohnungswirtschaftlichen Gegebenheiten für die Inanspruchnahme des A, so ist diese Entscheidung sowohl korrekt motiviert wie auch objektiv zweckmäßig. Nach allen drei Auffassungen handelt es sich um eine rechtmäßige Maßnahme.

---

[42] Vgl. z. B. den der Entscheidung des *VGH Stuttgart*, MDR 1948, 488 ff., zugrundeliegenden Sachverhalt.

[43] Vgl. oben § 2 III bei Fußn. 42 ff.

[44] Fast schon eine atypische Fallgestaltung, da besseres Vermögen i. d. R. zugleich geringere Belastung bedeutet und damit das Prinzip der Billigkeit auf den Plan ruft (vgl. oben § 2 III bei Fußn. 45). Hier jedoch soll einmal davon ausgegangen werden, daß die bessere Eignung einen Aspekt *absoluter* Zweckmäßigkeit betrifft. Ähnlich ist die Problematik in einem anderen, dem Gebiet des Baupolizeirechts entnommenen Fall: Der Pächter P errichtet auf dem von ihm gepachteten Grundstück ein materiell illegales Bauwerk. Als Adressaten der Abbruchverfügung kommen P (als Verhaltensstörer) und der Grundstückseigentümer E (als Zustandsstörer, Eigentum am Bauwerk gem. § 94 BGB vorausgesetzt) in Betracht. Die polizeiliche Inanspruchnahme des P dürfte zweckmäßiger sein, da bei E die privatrechtlichen Bindungen gegenüber P berücksichtigt werden müssen (vgl. *Ule-Rasch*, Allgemeines Polizei- und Ordnungsrecht, § 41 PrPVG RN 9; *PrOVGE* 70, 419 ff., 86, 258 ff.). Obwohl man unter Umständen auch hier schon mit dem Prinzip der Billigkeit operieren könnte, steht die h. L. auf dem Standpunkt, daß der Behörde bei dieser Auswahlentscheidung Wahlfreiheit eingeräumt sei (vgl. *Ule-Rasch*, aaO. § 20 PrPVG RN 8; *Scheerbarth*, Allgemeines Bauordnungsrecht, S. 17, 18, insbes. Fußn. 19).

bb) Objektiv unzweckmäßig ist dahingegen die Inanspruchnahme des B. Die beiden von der h. L. abweichenden Standpunkte werden hier zum Ergebnis der Rechtswidrigkeit der Ermessensentscheidung gelangen. Anders die h. L., sofern sie ihrem theoretischen Ausgangspunkt treu bleibt[45]. Denn dieser Ausgangspunkt läßt nur die Annahme rechtmäßiger Ermessensausübung zu, da weder eine vom Gesetzeszweck abweichende, noch eine auf unvollständigen Zweckmäßigkeitserwägungen oder unrichtiger Sachverhaltsbeurteilung beruhende Motivation der Behörde ersichtlich ist. Die Heranziehung des B stellt zudem immer noch ein geeignetes, zulängliches und — wie wir oben unterstellten — nicht unbilliges Mittel dar. Ein Verstoß gegen die Prinzipien relativer Zweckmäßigkeit, der auch die h. L. Rechtswidrigkeit annehmen ließe, scheidet daher aus.

cc) Wie nun, wenn die Behörde aus persönlicher Aversion[46], aus politischen Motiven[47], oder weil sie auf Zweckmäßigkeitserwägungen überhaupt verzichtet hat, den weniger geeigneten B heranzieht? Dann ist auch nach herrschender Lehre die Maßnahme wegen mangelhafter Motivation rechtswidrig. Für die beiden anderen Auffassungen folgt dieses Ergebnis schon aus der objektiven Unzweckmäßigkeit der Maßnahme.

dd) Und nun die letzte Variante: Das Wohnungsamt nimmt aus persönlicher Aversion oder politischen Motiven den besser geeigneten A in Anspruch. Hier beruht auf fehlsamer Motivation eine objektiv zweckmäßige Entscheidung. Nur die an erster Stelle wiedergegebene Auffassung, die allein und ausschließlich auf das objektiv zweckmäßige Ergebnis abstellt und darüber etwaige Motivationsmängel als unschädlich ansieht, kann in diesem vierten Fall eine rechtmäßige Ermessensentscheidung annehmen. Dagegen müssen die herrschende Lehre und die an dritter Stelle dargelegte Theorie — sofern sie die These von der

---

[45] Daß sie das nicht tut, wird noch an späterer Stelle erörtert werden (unten § 6 III 1 bei Fußn. 29 ff.).

[46] Dieser Fall schlechthin unzulässiger Motivation wird häufig auch als „Ermessenswillkür" bezeichnet; vgl. *Wolff*, Verwaltungsrecht I, § 31 II d 2, β, βγ (S. 175); *Peters*, LB der Verwaltung, S. 13.

[47] Bei den Wohnraumerfassungen der Nachkriegszeit stellten die Wohnungsämter häufig auf die politische Belastung der Wohnungsinhaber ab. Vgl. *VGH Stuttgart*, MDR 1948, 488 ff. (489) mit Anm. von *Bettermann*, MDR 1948, 491; ferner *Bachof*, SJZ 1948, 742 ff. (746 f.); *Schlippe*, JR 1953, 212 f. (212). Dieses Vorgehen schien durch § 13 II der süddt. DurchfVO zum Wohnungsgesetz gedeckt zu sein, wonach bei zulässiger Erfassung vornehmlich die politisch Belasteten herangezogen werden sollten. Zutreffend weist jedoch *Bettermann* in seiner Urteilsanmerkung (MDR 1948, 491) auf die Rechtsungültigkeit dieser Bestimmung hin, die einmal mit dem Gleichheitssatz und zum anderen mit Sinn und Zweck des Wohnungsgesetzes nicht zu vereinbaren war.

Relevanz des Motivationsmangels konsequent durchführen[48] — die Ermessensentscheidung trotz objektiver Zweckmäßigkeit als rechtswidrig behandeln.

Die unterschiedlichen Ergebnisse, zu denen die drei möglichen Auffassungen zur Wirkungsweise des Normzwecks bei der Ermessensausübung gelangen, sind hinreichend verdeutlicht. Die Frage ist, welche der drei Theorien den Vorzug verdient. Großes Gewicht kommt dabei der Interpretation jener Bestimmungen zu, die in der Frage der gerichtlichen Ermessenskontrolle auf den Zweck der Ermessensnorm abstellen. Von diesen Vorschriften soll daher ausgegangen werden.

3. Die Wirkungsweise des Normzwecks nach §§ 114 2. Alt. VwGO, 163 S. 1 2. Alt. BBauG und 102 FGO

Die §§ 114 2. Alt. VwGO, 163 S. 1 2. Alt. BBauG und 102 FGO verstehen unter rechtswidriger Ermessensausübung übereinstimmend die Handhabung des Ermessens in einer „dem Zweck der Ermächtigung nicht entsprechenden Weise". Anhaltspunkte für die Maßgeblichkeit des Motivationsmangels beim Begriff des Ermessensfehlgebrauchs lassen sich dieser Formulierung nicht entnehmen. Dem Zweck der Ermächtigung wird auch dann nicht (jedenfalls nicht *optimal*) entsprochen, wenn die Behörde bei ansonsten einwandfreier Motivation *im Ergebnis* eine objektiv unzweckmäßige Verhaltensalternative ergreift[49]. Somit kann in der Tat die gesetzliche Formulierung des Ermessensfehlgebrauchs eher als Argument *gegen* das herrschende Dogma verwandt werden[50].

Demgegenüber glaubt sich die herrschende Lehre von § 114 VwGO und den gleichlautenden Bestimmungen gerade bestätigt[51]. Die Selbstsicherheit ist verblüffend, paart sich indessen nicht selten mit Widersprüchen. Höchst aufschlußreich sind etwa die Ausführungen zum „Zweckmäßigkeitsgrundsatz" (!) im *Creifeldsschen* Rechtswörterbuch[52].

---

[48] An solcher Konsequenz fehlt es freilich auch hier zum großen Teil, wie die Behandlung des „Vorwandes" bei der Ermessensausübung und des „Nachschiebens von Gründen" im verwaltungsgerichtlichen Verfahren zeigt. Darüber mehr an späterer Stelle (unten § 6 III 2 bei Fußn. 42 ff.).

[49] In diesem objektiven Sinne denn auch: *Loppuch*, DÖV 1952, 111 ff. (111) und vor allem *Czermak*, DÖV 1966, 750 ff. (753): Die Gerichtskontrolle ist durch § 114 VwGO „ausdrücklich auf die Frage der Zweckmäßigkeit erstreckt".

[50] So auch *Czermak*, aaO. S. 753 und *Kopp*, DÖV 1966, 317 ff. (321).

[51] Vgl. für § 114 VwGO: *Müller*, DÖV 1969, 119 ff. (123); *Ossenbühl*, DÖV 1970, 84 ff. (85/86); für § 102 FGO: *Kühn*, AO und FGO, § 102 FGO Anm. 2. Bezeichnend auch die Argumentation des *LVG Minden*, DÖV 1952, 117 f. (118) mit dem damals noch geltenden § 23 III MRVO 165.

[52] *Creifelds*, Rechtswörterbuch, S. 1295.

§ 4 Freiheitsspielraum und immanente Ermessensschranken

Hier wird zunächst dargelegt, daß die Verwaltung von einem ihr eingeräumten Ermessen nur dann in einer dem Zweck der gesetzlichen Ermächtigung entsprechenden Weise Gebrauch macht, wenn sie von mehreren Entscheidungsmöglichkeiten diejenige wählt, „die dem Zweck des Gesetzes am besten entspricht". Man möchte meinen, damit sei nun ganz klar zum Ausdruck gebracht, daß bereits die im äußeren Ergebnis sich niederschlagende objektive Abweichung der Entscheidung vom möglichen Optimum einen Ermessensfehler enthält. Doch im nächsten Satz heißt es weiter: „Ein Fehlgreifen bei dieser Entscheidung bedeutet noch keinen Ermessensfehler, außer wenn ihr unsachliche Motive zugrunde liegen (Willkürverbot)." Warum nun diese Einschränkung, die — wie man doch selbst eingesteht — sich nicht aus der gesetzlichen Formulierung ergibt?

Den Versuch einer Erklärung unternimmt *Stern*[53]. Er ist der Ansicht, daß mit der „objektivierten Fassung" des Ermessensfehlgebrauchs in den genannten Gesetzesbestimmungen nicht die Aufgabe des Kriteriums der Fehlmotivation als allein maßgeblichen Kriteriums, sondern lediglich eine auf die Unerheblichkeit des Schuldmoments abzielende Klarstellung bezweckt war. Der Gesetzgeber hätte demnach nur unpräzise formuliert und nicht ernsthaft die Einbeziehung objektiver Unzweckmäßigkeit in den Bereich des Ermessensfehlgebrauchs bzw. dessen alleinige Maßgeblichkeit in Betracht gezogen. Für diese Deutung könnte immerhin angeführt werden, daß auch in der Lehre und Rechtsprechung „objektive" Formulierungen des Ermessensfehlgebrauchs vorkommen. Aus dem engeren Zusammenhang ergibt sich hier meistens, daß nicht eigentlich die Aufgabe des Merkmals der Fehlmotivation beabsichtigt ist. Vielmehr soll in der Tat nur der Eindruck vermieden werden, es erfordere die Annahme eines Ermessensfehlers subjektive Vorwerfbarkeit. Dieses Bestreben führt dann, da es nicht selten an begrifflicher Klarheit hinsichtlich des mehrdeutigen Gegensatzpaares objektiv — subjektiv fehlt[54], zu mißverständlichen Formulierungen.

Daß nun aber in ähnlicher Weise der § 114 VwGO und die ihm nachgebildeten Bestimmungen berichtigend auszulegen wären, ist durchaus nicht zwingend. Der Wortlaut des Gesetzes ist eindeutig, und seine uneingeschränkte Geltung wird so lange vermutet, als nicht *andere* dogmatisch überzeugende Argumente eine Korrektur verlangen. Die weitere Untersuchung muß sich daher mit solchen Argumenten befassen. Erst dann werden sichere Rückschlüsse für die Interpretation der §§ 114 2. Alt. VwGO, 163 S. 1 2. Alt. BBauG und 102 FGO gezogen werden können.

---

[53] *Stern*, Ermessen, S. 28 ff.
[54] Klärend insoweit die Ausführungen von *Stern*, Ermessen, S. 30 f.

4. Das Argument autonomer Ermessensdeterminanten (verwaltungsmäßiger Zweckmäßigkeit) bei der Ermessensausübung

a) Problemstellung und Meinungsstand

Die einleuchtendste Erklärung für die von der herrschenden Lehre behauptete Irrelevanz des objektiven Ergebnisses der Ermessensentscheidung wäre die These, daß sich das Ermessen nicht nur am objektiven Gesetzeszweck orientiert, sondern daneben auch noch im Dienste anderer, subjektiver Verwaltungszwecke gehandhabt wird. Die subjektiven Verwaltungszwecke würden dann als „autonome" (autoritativ gesetzte) Ermessensdeterminanten eine heteronome objektive Determinierung durch den Gesetzeszweck verhindern. Auf Grund der subjektiven Komponente bliebe in der Tat das Ergebnis der Ermessensausübung objektiver Nachprüfung entzogen.

Damit ist das zentralste und wichtigste Problem der Ermessenslehre aufgeworfen. Dem Gegensatz von heteronomen und autonomen Ermessensdeterminanten entspricht die Unterscheidung zwischen der am Gesetzeszweck orientierten, objektiven Zweckmäßigkeit und der subjektiven, an verwaltungseigenen Belangen ausgerichteten Zweckmäßigkeit. Es erweist sich an dieser Stelle die in früherem Zusammenhang bereits angedeutete Abhängigkeit der Ermessensdiskussion vom jeweils zugrunde gelegten „Zweckhorizont" und dem daraus resultierenden besonderen Zweckmäßigkeitsverständnis. Ein die Verwaltung bindendes und die Möglichkeit verwaltungsgerichtlicher Überprüfung eröffnendes Rechtsprinzip der Zweckmäßigkeit setzt naturgemäß einen *objektiven* Zweckmäßigkeitsbegriff voraus, wie ihn allein der Begriff der engeren gesetzeszweckmäßigen Zweckmäßigkeit bietet.

aa) Den überlieferten Standpunkt der herrschenden Ermessensdoktrin in der Frage der Ermessensdeterminanten hat jüngst erst wieder *Ossenbühl* mit aller Deutlichkeit verfochten[55]. Ihmzufolge macht es das Wesen des Ermessens aus, daß in den „final und modal heteronom determinierten Ermessensspielraum *metajuristische* oder *rechtsexterne* Gesichtspunkte und Maßstäbe" als autonome Determinanten „einströmen"[56]. Eine strenge Beschränkung der Verwaltung auf die Verwirklichung gesetzeszweckmäßiger Zweckmäßigkeit findet danach nicht statt. Ermessen ist vielmehr ein Eldorado für „verwaltungseigene Belange"; es bildet das „Einfallstor für das Schöpferische" und „die Pforte im Rechtsgebäude, durch die außerrechtliche Motivationen eindringen können"[57].

---

[55] *Ossenbühl*, Verwaltungsvorschriften und Grundgesetz, S. 311 ff.; ders. in DÖV 1968, 618 ff., DÖV 1970, 84 ff.
[56] Verwaltungsvorschriften, S. 321.
[57] Verwaltungsvorschriften, S. 321 mit Nachweisen.

§ 4 Freiheitsspielraum und immanente Ermessensschranken

Wie dieses theoretische Modell in der Praxis aussieht, läßt sich an Beispielen unschwer beobachten. In den bereits genannten Wohnraumerfassungsfällen etwa wurde den Wohnungsbehörden die Befugnis zugestanden, bei der Wohnraumerfassung nicht allein nach wohnungswirtschaftlichen Gesichtspunkten zu verfahren, sondern *auch* die politische Belastung der Wohnungsinhaber in Rechnung zu stellen[58]. Begründung: den vom Gesetz für maßgebend erachteten (gesetzeszweckmäßigen) Erwägungen komme zwar das *Hauptgewicht* zu, daneben aber sei es den Behörden nicht verwehrt, auch sonstige (außergesetzliche) Interessen der Verwaltung mitsprechen zu lassen[59]. Die Entscheidung sei erst dann wegen „détournement de pouvoir" ermessensfehlerhaft, wenn sie *ausschließlich* aus politischen Beweggründen vorgenommen werde[60].

Noch deutlicher macht sich der Einfluß autonomer Ermessensdeterminanten bei den Erlaubnis- und Befreiungstatbeständen bemerkbar[61]. Man denke nur an die Figur des repressiven Verbots mit Befreiungsvorbehalt und das in diesem Rahmen gewährte Dispensationsermessen. Nach noch herrschender Lehre handelt es sich bei der Gewährung einer Ausnahme oder Befreiung der Sache nach um den zweiten Akt eines „gestreckten Gesetzgebungsverfahrens"[62], innerhalb dessen die Verwaltung Rechtswohltaten erweist[63], Vergünstigungen, auf die der Bürger von vornherein keinen Rechtsanspruch hat[64]. Müßig der Hinweis, daß bei solcher Sicht der Dinge die Verwaltung — nicht anders als der

---

[58] Vgl. *Bachof*, SJZ 1948, 742 ff. (746/747).

[59] *Bachof*, SJZ 1948, 746. Die Argumentation erinnert an den bekannten Hexenkongreß in Wien. Auf diesem Kongreß ging es um die Existenz von Hexen. Nachdem ein Vertreter der Balkanländer die Existenz von Hexen schlagend bewiesen und ein Vertreter Preußens ebenso schlagend das Gegenteil dargetan hatte, trat ein Wiener ans Rednerpult. Dieser zeigte sich von den Ausführungen seiner Vorgänger tief bewegt und meinte sodann, beide hätten recht. Hexen gebe es im Grunde wirklich nicht — bei ganz kleinen Hexen indes (und insoweit verdiene die balkanesische Stellungnahme Zustimmung) müsse man wohl doch eine Ausnahme machen.
Ähnlich denkt die herrschende Lehre: Zwar ist im Grunde nur der Gesetzeszweck bei der Ermessensausübung maßgebend; aber ein bißchen dürfen auch noch andere Zwecke berücksichtigt werden.

[60] *Bachof*, SJZ 1948, 746/747.

[61] Dazu: *Loening*, DVBl. 1952, 197 ff. mit einer Fülle von Beispielen, die zugleich den engen Zusammenhang dieser Problematik mit dem Problem der Mischtatbestände (Koppelung von unbestimmten Rechtsbegriffen und Ermessen) verdeutlichen.

[62] *Krüger*, DÖV 1958, 673 ff. (673 f.); *Mussgnug*, Der Dispens von gesetzlichen Vorschriften, S. 126 f.

[63] So hinsichtlich des § 31 BBauG: *Schrödter*, BBauG, § 31 RN 2.

[64] *Ossenbühl*, DÖV 1968, 618 ff. (624 f.); *Müller*, DÖV 1969, 119 ff. (126).

III. Eigenes Lösungsmodell

Gesetzgeber — befugt sein muß, die Entscheidung autonom an eigenen Maßstäben und Zwecken auszurichten[65].

Eine letzte Steigerung kann man bei der Auflage beobachten. *Krüger* will auch hier die Verwaltungsbehörde nicht auf Erwägungen gesetzeszweckmäßiger Zweckmäßigkeit beschränken[66]. Es soll vielmehr der Verwaltung gestattet sein, mit der einem Verwaltungsakt beigefügten Auflage auf eigene Faust Ziele der Wirtschaftspolitik zu realisieren. Diese weitgehende Auffassung dürfte selbst von der herrschenden Lehre nicht mehr geteilt werden[67].

bb) Im Gegensatz zu der eben geschilderten „traditionellen" Richtung gibt es Strömungen innerhalb der Verwaltungsrechtsdogmatik, die auf den völligen Abbau autonomer Ermessensdeterminanten bei der Ermessensausübung hinauslaufen. Die treibende Kraft ist dabei bezeichnenderweise immer wieder das Verfassungsrecht.

α) An erster Stelle muß die Entwicklung im Steuerrecht genannt werden. Für die Konfrontation mit dem Problem der zulässigen Ermessensdeterminanten sorgte hier verhältnismäßig früh der § 2 II StAnpG, der ausdrücklich eine Ermessensausübung „nach Billigkeit *und Zweckmäßigkeit*" vorschreibt. Bei der Auslegung dieser Bestimmung geht die steuerrechtliche Literatur aus von der oben getroffenen Unterscheidung eines engeren und eines weiteren Zweckmäßigkeitsbegriffs[68]. Der auf „Ausrichtung am Gesetzeszweck"[69] beschränkten objektiven Zweckmäßigkeit wird die subjektive Zweckmäßigkeit der Verwaltung gegenübergestellt, welche bezeichnet wird als Zweckmäßigkeit im herkömmlichen, alten Sinne[70], Zweckmäßigkeit im Sinne des allgemeinen Sprachgebrauchs[71], „umfassendere Zweckmäßigkeit"[72]; ferner als „Zweckmäßigkeit im Sinne der Verwaltung"[73] bzw. „der Verwaltungs-

---

[65] Aufschlußreich insoweit die Darstellung der h. L. bei *Hoppe*, DVBl. 1969, 340 ff. (344), vor allem auch das von ihm auf S. 345 zitierte Beispiel (Ablehnung eines Dispenses, weil der Antragsteller weiten Bevölkerungskreisen als ausgesprochen „mißliebiger Zeitgenosse" gilt).

[66] *Krüger*, DVBl. 1955, 518 ff. (522 ff.).

[67] Vgl. etwa *Thiel-Frohberg*, Garagenbaurecht, S. 80 mit weiteren Nachweisen.

[68] So insbes.: *Spitaler*, StbJb 1950, 75 ff. (96); *Hoffmann*, DStR 1952, 285 ff. (285); *Wallis-Spanner* in *Hübschmann-Hepp-Spitaler*, AO, § 2 StAnpG Anm. 8.

[69] Zu dieser Formulierung vgl. *Spitaler*, StbJb 1950, 96; *Felix*, Ermessensausübung im Steuerrecht, S. 69.

[70] *Felix*, Ermessensausübung, S. 68, 70.

[71] *Hoffmann*, aaO. S. 285.

[72] *Hoffmann*, aaO. S. 285.

[73] *Fließbach*, StuW 1953, Sp. 426 ff. (427); *Spitaler*, StbJb 1950, 97; *Oswald*, StuW 1955, Sp. 725 ff. (726); *Felix*, Ermessensausübung, S. 66.

§ 4 Freiheitsspielraum und immanente Ermessensschranken

interessen"[74], als an den eigenen Belangen der Verwaltung[75], an deren Bedürfnissen[76] ausgerichtete, „verwaltungsmäßige"[77] Zweckmäßigkeit.

Unbestritten ist, daß der Gesetzgeber von 1934 in § 2 II StAnpG den weiteren verwaltungsmäßigen Zweckmäßigkeitsbegriff hat verankern wollen; das zeigt schon die amtliche Begründung, derzufolge die Zweckmäßigkeit „den Erfordernissen des Volksganzen und den Erfordernissen der Verwaltung" Rechnung tragen soll[78]. Gegen dieses Zweckmäßigkeitsverständnis wurden nach 1945 rechtsstaatliche Bedenken geäußert. Den Anstoß zu einer ausgedehnten Diskussion gab das Gutachten des Großen Senats des *BFH* vom 17. 4. 1951[79]. Der BFH vertrat auf Grund rechtsstaatlicher Erwägungen die Auffassung, daß die Ermessensausübung sich allein am Gesetzeszweck zu orientieren habe; das in § 2 II StAnpG enthaltene Begriffspaar „Billigkeit und Zweckmäßigkeit" sei infolgedessen durch die früher geltende Wendung „Recht und Billigkeit" (§ 11 der AO von 1931) zu ersetzen[80]. Diese in der Folgezeit bestätigte[81] Rechtsprechung des BFH hat im steuerrechtlichen Schrifttum wenigstens *im Ergebnis* überwiegend Zustimmung gefunden[82]. Zwar löste die Entscheidung eine Fülle kritischer Stellungnahmen aus. Dabei ist aber zu berücksichtigen, daß sich die Kritik nur zum Teil auf den vom BFH befürworteten Zweckmäßigkeitsbegriff bezog[83]; nicht selten betraf sie auch nur die Unklarheit der Ausführungen[84] sowie die Methode, eine längst außer Kraft getretene Vorschrift (§ 11 der AO von

---

[74] *Spitaler*, StbJb 1950, 97/98.
[75] *Felix*, Ermessensausübung, S. 67; *Kühn*, AO, § 2 StAnpG Anm. 3 („Belange der Finanzverwaltung").
[76] *Mattern* in *Mattern-Meßmer*, RAO, § 2 StAnpG RN 2617.
[77] *Fließbach*, StuW 1956, Sp. 267 ff. (270); StuW 1957, Sp. 623 ff. (626); StuW 1958, Sp. 751 ff. (754); *Mattern* in *Mattern-Meßmer*, aaO. § 2 StAnpG RN 2617.
[78] RStBl. 1934, 1398.
[79] *BFH*, BStBl. 1951 III, 107 ff.
[80] BStBl. 1951 III, 108.
[81] *BFH*, BStBl. 1955 III, 383 f. (384); 1957 III, 364 f. (364); 1964 III, 589 f. (590).
[82] Vgl. z. B.: *Fließbach*, StuW 1953, Sp. 426 ff. (427 f.); StuW 1956, Sp. 267 ff. (270); StuW 1957, Sp. 623 ff. (626); *Felix*, Ermessensausübung, S. 67 ff.; *Mattern* in *Mattern-Meßmer*, aaO. § 2 StAnpG RN 2617; *Tipke-Kruse*, RAO Bd. II, § 2 StAnpG Anm. 1.
[83] In diesem Sinne: *Loewer*, StuW 1951, Sp. 729 ff. (732); *Oswald*, StuW 1952, Sp. 635; ders. StuW 1955, Sp. 725 ff.; *Wallis-Spanner*, aaO. (Fußn. 68) Anm. 2.
[84] Vgl. *Nake*, BB 1951, 819 f. (820). Das Gutachten des Großen Senats vom 17. 4. 1951 ist derart unklar formuliert, daß mehrere Deutungen vorliegen. Nach der einen Ansicht sah der *BFH* in § 2 II StAnpG den weiteren, verwaltungsmäßigen Zweckmäßigkeitsbegriff verankert und stützte eben hierauf die von ihm befürwortete Verfassungswidrigkeit der Bestimmung. So: *Fließbach*, StuW 1953, Sp. 427 f.; *Felix*, Ermessensausübung, S. 67. Anderer Ansicht zufolge verstand der BFH den Zweckmäßigkeitsbegriff in § 2 II

III. Eigenes Lösungsmodell

1931) wieder „aufleben" zu lassen[85]. Methodisch hätte den Intentionen des BFH in der Tat allein die „verfassungskonforme Auslegung" entsprochen[86]; denn vom Wortsinn her läßt sich „Zweckmäßigkeit" i. S. des § 2 II StAnpG ohne Schwierigkeit im engeren, objektiven Sinne verstehen. Das alles ändert jedoch nichts am Ergebnis. Die strenge Bindung an den Zweck des Gesetzes und die Ablehnung autonomer Ermessensdeterminanten kennzeichnen seit dem Gutachten des Großen Senats die herrschende Ermessensdoktrin im Steuerrecht. Deutlich wird das z. B. bei den Tatbeständen der Steuerstundung und des Steuererlasses (§§ 127, 131 AO). Hier dürfen nach h. L. außergesetzliche Zielsetzungen wie wirtschafts- und sozialpolitische Zwecke die Entscheidung nicht beeinflussen; die Finanzbehörden sollen insbesondere nicht befugt sein, über die Stundung oder den Erlaß von Steuern gleichsam als „zweiter Gesetzgeber" rechtspolitische Versäumnisse der Legislativorgane wettzumachen[87]. Vergleicht man mit dieser Konzeption die in der allgemeinen Verwaltungsrechtslehre noch vorherrschende Einstellung zum Dispens, so ergeben sich ganz erhebliche Unterschiede[88].

β) Nichtsdestoweniger zeichnet sich auch im allgemeinen Verwaltungsrecht eine ähnliche Tendenz wie im Steuerrecht ab. Erinnert sei an die Formel, wonach die Grundsätze des Rechtsstaats es verbieten, die Ausübung eines Grundrechts vom Ermessen der Verwaltung abhängig zu machen. Diese Formel, die in der Rechtsprechung des *Bundesverfassungsgerichts* auftaucht[89], fand in der Lehre teilweise ein positives

---

StAnpG durchaus im engeren Sinne und begründete die Verfassungswidrigkeit damit, daß § 2 II StAnpG jener (engeren) Zweckmäßigkeit nicht die Eigenschaft einer verbindlichen Ermessensrichtlinie zubillige. Vgl. *Hoffmann*, aaO. S. 285 und *Meßmer*, StuW 1960, Sp. 171 ff. (180).

[85] Dagegen: *Oswald*, StuW 1955, Sp. 725 ff. (728 f.); vgl. auch *v. Oppen*, StuW 1951, Sp. 687 ff. (688/689).

[86] So denn auch: *Tipke-Kruse*, RAO Bd. II, § 2 StAnpG Anm. 1. Auch *Fließbach* greift in einer Urteilsanmerkung (StuW 1958, Sp. 751 ff., 754) den Gedanken verfassungskonformer Auslegung auf.

[87] BFH, BStBl. 1964 III, 589 f. (590); *Paulick*, JuS 1966, 21 ff. (23, 24).
Die Beschränkung der Verwaltung auf Gesichtspunkte gesetzeszweckmäßiger Zweckmäßigkeit im Steuerrecht ist im Falle der §§ 127, 131 AO die Ursache dafür, daß nahezu alle im Rahmen der Ermessensbetätigung denkbaren Erwägungen schon auf der Tatbestandsseite bei Ausfüllung der unbestimmten Rechtsbegriffe „erhebliche Härte" und „Unbilligkeit" vorkommen. Für eine zusätzliche Ermessensausübung auf der Rechtsfolgeseite bleibt daher so gut wie kein Raum mehr. Vgl. dazu *Tipke-Kruse*, RAO Bd. I, § 127 AO, Anm. 17, § 131 AO, Anm. 30 mit weiteren Nachweisen.

[88] Die Gegensätze zwischen allgemeiner Verwaltungsrechtslehre und steuerrechtlicher Doktrin in der Frage der Ermessensdeterminanten unterstreicht auch *Felix*, Ermessensausübung, S. 66 f. Felix hält allerdings — ohne weitere Begründung — diese Gegensätzlichkeit für gerechtfertigt.

[89] BVerfGE 8, 71 ff. (76), 274 ff. (325); 18, 353 ff. (364); 20, 150 ff. (155); BVerwGE 2, 295 ff. (299), 349 ff. (351); 4, 167 ff. (170), 250 ff. (255/256); 18, 247 ff. (250).

Echo[90]. Ihre Deutung gibt einige Rätsel auf. Richtiger Ansicht nach stellt sie nicht das äußere Erscheinungsbild der Ermessensnorm (Mehrheit von Verhaltensalternativen) in Frage. Bestritten wird nur das herkömmliche Verständnis des Ermessens als einer *autonom* auszuübenden Wahlfreiheit, soweit Grundrechte tangiert sind[91]. Das Ermessen soll in diesem Bereich nur in strenger Bindung an die Ziele des Gesetzes betätigt werden können[92], es soll mit anderen Worten ausschließlich heteronom determiniert sein[93]. Die Konsequenzen sind im Schrifttum bereits erkannt und von den Anhängern des herrschenden Ermessensdogmas entsprechend kritisiert worden: Im gesamten Bereich der Eingriffsverwaltung wäre die Konstruktion autonom zu gestaltender Ermessensspielräume hinfällig, da jeder Eingriff zumindest das „Auffanggrundrecht" des Art. 2 I GG berührt[94].

Die neue Konzeption der höchstrichterlichen Rechtsprechung machte sich vor allem bei der Interpretation der Erlaubnis- und Befreiungstatbestände bemerkbar. Hervorzuheben ist die bekannte Entscheidung des *Bundesverwaltungsgerichts* zu § 35 II BBauG[95], die dem Antragsteller einen Rechtsanspruch auf Zulassung seines Bauvorhabens im Außenbereich einräumt, falls die öffentlichen Belange nicht beeinträchtigt werden. Die Umdeutung der Kannvorschrift zur Mußvorschrift war nur deshalb möglich, weil das Gericht die auf der Rechtsfolgenseite anzustellenden Erwägungen auf die tatbestandlich vorgezeichneten *gesetzeszweckmäßigen* Erwägungen beschränkte. *Andere* öffentliche Belange als die im Tatbestand des § 35 II BBauG gemeinten und in § 35 III BBauG näher beschriebenen spezifischen Belange sollen die Entscheidung über die Zulassung nicht beeinflussen. Das ist die klare und unmißverständliche Absage an autonome Ermessensdeterminanten. Zugleich wird deutlich, daß die Behandlung von „Mischtatbeständen" als

---

[90] Vgl. *Friauf*, JuS 1962, 422 ff. (424); *Kopp*, DÖV 1966, 340 ff. (342).
[91] Die in der Rechtsprechung des *BVerfG* beobachtete Widersprüchlichkeit (vgl. *Rupp*, Grundfragen, S. 203 f. Fußn. 332) dürfte mit der undifferenzierten Verwendung des Wortes „Ermessen" zusammenhängen. Meist pflegt man „Ermessen" und „autonome Wahlfreiheit" zu identifizieren und legt damit bereits den Ermessensbegriff der h. L. zugrunde. Mit „Ermessen" kann aber auch einfach das äußere Erscheinungsbild, die in der Ermessensnorm sich offenbarende Technik des Gesetzgebers gemeint sein. Es liegt nahe, daß das *BVerfG* „Ermessen" in der letzteren Bedeutung versteht, soweit es von der Vereinbarkeit der „Ermessensermächtigung" mit den rechtsstaatlichen Prinzipien ausgeht, wie z. B. in *BVerfGE* 9, 137 ff. (146 ff.). Die Formel von der Unzulässigkeit des Ermessens im Grundrechtsbereich bezieht sich dahingegen eindeutig auf den Ermessensbegriff der h. L.
[92] *BVerfGE* 18, 353 ff. (363).
[93] Vgl. *Hoppe*, DVBl. 1969, 340 ff. (343).
[94] *Stein*, Wirtschaftsaufsicht, S. 108; *Ossenbühl*, DÖV 1968, 618 ff. (622).
[95] *BVerwGE* 18, 247 ff.

III. Eigenes Lösungsmodell

„zwingende" Bestimmungen nur eine notwendige Folge der Beschränkung auf heteronome Ermessensdeterminanten darstellt[96].

In die gleiche Richtung geht die Entscheidung des *VG Münster* zu § 31 I BBauG[97]. Indem hier das Gericht die Zulässigkeit autoritativ gesetzter, unüberprüfbarer Maßstäbe bei der Ausübung des Dispensationsermessens verneint[98], gelangt es zu jenem grundlegend neuen Verständnis des „Verbots mit Erlaubnisvorbehalt", welches bereits in der Entscheidung des *Bundesverfassungsgerichts* zum Sammlungsgesetz[99] zum Ausdruck kam. Auch in der Lehre hat diese Auffassung Anhänger gefunden[100]. Regeltatbestand und Ausnahmevorschrift bilden danach eine durch den *vorgegebenen* gemeinsamen Zweck vermittelte sachliche und normative Einheit[101]. Die Verwaltung wird nicht über die Erteilung von Dispensen zum „zweiten", komplementären Gesetzgeber. Von daher besteht kein eigentlicher Unterschied mehr zwischen „repressiven" und „präventiven" Verboten mit Erlaubnisvorbehalt[102].

b) Die verfassungsrechtliche Analyse

Nach der Darstellung des derzeitigen Meinungsstandes zur Frage der möglichen Ermessensdeterminanten soll nunmehr die eigentliche verfassungsrechtliche Analyse des Problems in Angriff genommen werden. Die Abhängigkeit des Verwaltungsrechts vom Verfassungsrecht zeigt sich gerade am Ermessen. Dementsprechend wird von allen Seiten betont, daß dem verfassungsrechtlichen Aspekt im Streit der verschiedenen Ermessenskonzeptionen entscheidende Bedeutung zukommt[103].

---

[96] Auf die ähnliche Situation bei den §§ 127, 131 AO (Stundung und Erlaß von Steuern) wurde bereits hingewiesen; vgl. oben Fußn. 87.

[97] *VG Münster*, DVBl. 1967, 298 ff. mit zustimmender Anmerkung von *Hoppe* und ablehnender Anmerkung von *Scheerbarth*.

[98] DVBl. 1967, 299. Das Gericht spricht ausdrücklich von „finaler Determinierung" des Ermessens (aaO. S. 300) und läßt eine „Ermessensentscheidung" nur hinsichtlich des „Maßes der Berücksichtigung öffentlicher Belange" in Betracht kommen. Eine gewisse Freiheit soll also anscheinend noch in der Frage bestehen, ob im Hinblick auf die vorgegebenen, heteronomen öffentlichen Belange die Entscheidung wirklich optimal war.

[99] BVerfGE 20, 150 ff.

[100] So vor allem: *Friauf*, JuS 1962, 422 ff. (424 ff.); ferner *Rupp*, NJW 1966, 2037 ff. (2039); *Hoppe*, DVBl. 1969, 340 ff.; hins. § 31 II BBauG ebenso *Erichsen*, DVBl. 1967, 269 ff.

[101] *Hoppe*, DVBl. 1969, 344.

[102] So im Hinblick auf § 9 BFStrG: *VG Hannover*, DVBl. 1969, 216 ff. (217) und in der Sache nach bereits *OVG Lüneburg*, VerwRspr. 12 Nr. 6 (S. 27 ff.). Hiergegen vor allem *Ossenbühl*, DÖV 1968, 618 ff. (623 ff.).

[103] Vgl. dazu *Jesch*, Buchbesprechung in AöR 86, 491 ff. (495 f.); *Schmidt-Salzer*, VerwArch 60 (1969), 261 ff. (265); *Ossenbühl*, Verwaltungsvorschriften, S. 312 f.; ders. DÖV 1968, 618 ff. (618).

§ 4 Freiheitsspielraum und immanente Ermessensschranken

Die von der traditionellen Auffassung abweichende Tendenz, die Ermessensausübung auf heteronome Determinanten zu beschränken, stützt sich — wie oben gezeigt wurde — auf rechtsstaatliche Erwägungen. Und in der Tat ist fraglich, ob die Ausrichtung des Ermessens an autoritativ gesetzten Zwecken mit den Prinzipien des Rechtsstaats zu vereinbaren ist.

aa) Autonome Ermessensdeterminanten und Gesetzmäßigkeitsprinzip

Es braucht wohl nicht eigens betont zu werden, daß jede Abweichung vom Gesetzeszweck bei der Ermessensausübung einen Verstoß gegen den Vorrang des Gesetzes (Art. 20 III GG) enthält. Dieses Prinzip gebietet nicht nur die Beachtung des möglichen Wortsinns des Gesetzes, sondern auch die Wahrung seines Zwecks, sofern man — und das sollte beim Ermessen mit Rücksicht auf § 114 VwGO außer Zweifel stehen — von der Normativität des Normzwecks ausgeht. Unzulässig sind daher alle Ermessensdeterminanten, die die Geltung des Gesetzeszwecks in irgendeiner Weise abschwächen.

Dessen scheint sich auch die herrschende Ermessenslehre bewußt zu sein. Das Institut des détournement de pouvoir betrifft gerade den Fall der sog. Zweckverfehlung. Es darf demnach unterstellt werden, daß die h. L. die von ihr für zulässig erachteten autonomen Ermessensdeterminanten nicht als „verdrängende" Determinanten verstanden wissen will.

Die h. L. geht vielmehr von der Vorstellung *ergänzender* autonomer Determinanten aus[104]. Rechtsexterne (metajuristische) Gesichtspunkte sollen dann erst „einströmen", wenn die ratio legis „die Richtung nicht mehr weist"[105]. Die ganze Konstruktion basiert auf der Annahme, daß der Gesetzeszweck bzw. der ihm entsprechende Zweckmäßigkeitsmaßstab[106] zu völliger Determinierung der Ermessensentscheidung ohnehin nicht in der Lage ist.

Diese Prämisse ist durchaus angreifbar. Hinter dem vereinfachend so bezeichneten „Normzweck" verbirgt sich in der Regel eine Fülle mit-

---

[104] Den Gesichtspunkt der „Ergänzung" stellt z. B. *Ossenbühl* heraus; vgl. DÖV 1970, 84 ff. (86 f.).

[105] So schon *Scheuner*, VerwArch 33, 68 ff. (85); *Jöhr*, aaO. (Fußn. 26) S. 44.

[106] Wenn *Ekkehart Stein* bloßen Zielbegriffen (Zwecken, Werten) die Maßstabsfähigkeit und damit die Konkretisierbarkeit schlechthin abspricht (so in: Die Wirtschaftsaufsicht, S. 80 ff., 81), so übersieht er, daß zumindest die dem jeweiligen Zweck entsprechende *Zweckmäßigkeit* einen Maßstab abgibt, an dem ein Verhalten unter Bildung konkretisierender „Mittelbegriffe" gemessen werden kann. Das gilt auch für die „gesetzeszweckmäßige Zweckmäßigkeit", von der hier die Rede ist.

III. Eigenes Lösungsmodell

einander konkurrierender, oft genug auch kollidierender Zielsetzungen und Interessen. Man denke nur an die bei Verwaltungsgesetzen häufig vorkommende Koppelung bestimmter öffentlicher und privater Interessen. Die Ermittlung der gesetzeszweckmäßigen Lösung setzt hier eine Abwägung und Wertung zwischen mehreren Zwecken voraus. Warum sollte insoweit eine Entscheidung, an die von vornherein keine naturwissenschaftlichen Maßstäbe angelegt werden können, nicht möglich sein? Ohnehin verbleiben für die eigentliche Ermessensausübung selten mehr als zwei Entscheidungsmöglichkeiten.

Selbst wenn einmal — um ein Beispiel zu nennen — bei der Zulassung zur Ausübung des Taxigewerbes mehrere Bewerber zur Auswahl stehen, die im Hinblick auf das betroffene öffentliche Interesse alle in gleicher Weise geeignet sind, so wird immer noch der Grundsatz der Priorität (zeitlicher Eingang der Anträge) als ein aus der ratio legis ableitbarer Gerechtigkeitsaspekt eine bestimmte Entscheidung ermöglichen[107]. Man muß sich also nur bemühen und die ratio legis der Ermessensnorm voll und ganz ausschöpfen. Der Blick auf das Institut der Lückenfüllung „praeter legem" zeigt, daß man an anderer Stelle diese Mühe nicht scheut und dem Gesetzeszweck durchaus die „einzig richtige" Lösung entnimmt. Warum sollte das anders sein beim Ermessen, das doch im untechnischen Sinne gleichfalls als Lücke (Lücke „intra legem")[108] begriffen werden kann[109]?

Bei all dem wird nicht die Notwendigkeit solcher Maßstäbe bestritten, die den allgemeinen Maßstab der am Gesetzeszweck ausgerichteten optimalen Zweckmäßigkeit erst *konkretisieren*. Von Konkretisierung und „Auflösung" spricht man auch bei unbestimmten Rechtsbegriffen[110].

---

[107] So das von *Kopp*, DÖV 1966, 317 ff. (320) in Fußn. 15 zitierte Beispiel aus der Rechtsprechung. Das Beispiel verdeutlicht den Gerechtigkeitsbezug der engeren, dem Gesetzeszweck entsprechenden Zweckmäßigkeit. Wenn demgegenüber die h. L. Gerechtigkeit und Zweckmäßigkeit antinomisch gegenüberstellt (vgl. z. B. *Bachof*, JZ 1955, 97 ff., 98), so eben deswegen, weil sie wie selbstverständlich beim Ermessen vom Begriff der subjektiven, verwaltungsmäßigen Zweckmäßigkeit ausgeht. Den Gerechtigkeitsbezug der Zweckmäßigkeit betont dagegen *Stein*, Wirtschaftsaufsicht, S. 104 f.

[108] Zur „Lücke intra legem", die mangels *planwidriger* Unvollständigkeit keine echte Lücke im Sinne der heute herrschenden Terminologie darstellt, vgl.: *Meier-Hayoz*, Der Richter als Gesetzgeber, S. 64; *Germann*, Gesetzeslücken und ergänzende Rechtsfindung in: Probleme und Methoden der Rechtsfindung, S. 111 ff. (120 f.); *Tipke-Kruse*, RAO Bd. II, § 1 StAnpG Anm. 24; *Canaris*, Feststellung von Lücken, S. 26 ff.

[109] Von daher erscheint die von *Kopp*, aaO. S. 320 Fußn. 17, gewiesene Parallele zwischen Ermessensausübung und Lückenfüllung sehr glücklich.

[110] Dazu: *Ule*, Gedächtnisschrift für Jellinek, S. 309 ff. (318 ff.), der bei normativen Begriffen die Notwendigkeit der Konkretisierung durch „Mittelbegriffe" betont; ferner *Jesch*, AöR 82, 163 ff. (194 ff.), demzufolge unbestimmte Rechtsbegriffe der Auflösung in „juristisch relevante Faktenbegriffe" bedürfen.

§ 4 Freiheitsspielraum und immanente Ermessensschranken

Das darin naturgemäß enthaltene schöpferische Element ist noch nicht „autonom" im hier gemeinten Sinne, solange nur die Anlehnung an den heteronomen obersten Maßstab gewahrt bleibt. Zwar erfordert die Ermessensausübung i. d. R. ein höheres Maß an Konkretisierung als der „strikt gebundene" Gesetzesvollzug. Ein quantitativ gesteigerter schöpferischer Aspekt findet sich aber auch bei der teleologischen Lückenfüllung „praeter legem". Die oben gezogene Parallele wird insoweit nur bestätigt.

Vergegenwärtigt man sich diese Zusammenhänge, so leuchtet nicht ein, warum neben den konkretisierenden Maßstäben noch zusätzliche, autonom gewählte Maßstäbe notwendig sein sollten, auf Grund derer erst die Verwaltung entscheiden könnte[111]. Bei Lichte besehen würden die angeblich „ergänzenden" autonomen Determinanten nur die völlige Entfaltung des Maßstabs gesetzeszweckentsprechender Zweckmäßigkeit behindern, wären also in Wahrheit zugleich „verdrängende" Determinanten. Was das im Hinblick auf das Prinzip des Gesetzesvorrangs bedeutet, wurde bereits gesagt.

Im übrigen läßt auch die Vorstellung lediglich ergänzender (nicht aber verdrängender) Determinanten die rechtsstaatlichen Bedenken nicht entfallen. Es ist nämlich so oder so höchst zweifelhaft, ob sich die Ergänzung des Gesetzes durch autonome Determinanten mit dem Prinzip des Gesetzes*vorbehalts* verträgt, das zumindest im Bereich der Eingriffsverwaltung Beachtung erheischt.

Für die ältere Lehre bestand dieses Problem nicht. Sie sah generell im Gesetz nur die Schranke, nicht aber die notwendige Voraussetzung hoheitlicher Tätigkeit[112]. So konnte zwanglos das Ermessen als ein Bereich gelten, innerhalb dessen die Verwaltung außerhalb des Gesetzes handele.

Die Anerkennung des Prinzips des Gesetzesvorbehalts auf dem Gebiet hoheitlicher Freiheitseingriffe ließ die Deutung des Ermessens als jenseits des Gesetzes befindlichen autonom auszufüllenden Spielraums nicht mehr zu. Die h. L. behalf sich deshalb mit der Figur des vom Gesetz *gedeckten* Freiheitsspielraums. Ermessensausübung ist ihr nicht mehr „gesetzesfreies", sondern „gesetzesakzessorisches" Handeln, „weil die Zulässigkeit der Wahl auf dem Gesetz beruht, mithin die schließlich getroffene Entscheidung ... vom Gesetzesinhalt mit umfaßt ist"[113].

---

[111] Wie *Schmidt-Salzer*, VerwArch 60 (1969), 261 ff. (276) behauptet, wenn er ausführt: „Bei den Ermessensermächtigungen ... wird die Verwaltung nicht erst (d. h. zugleich: *nicht nur*) auf der Stufe der Konkretisierung, sondern bereits auf der vorgeschalteten Stufe der Normsetzung tätig."

[112] Vgl. *Stengel*, LB des deutschen Verwaltungsrechts, § 3 I (S. 15); *Laband*, Staatsrecht des dt. Reiches, 2. Bd., § 64 (S. 165/166); *Meyer-Anschütz*, LB des deutschen Staatsrechts, § 178 (S. 759/760).

[113] Vgl. *Müller*, DÖV 1969, 119 ff. (122).

III. Eigenes Lösungsmodell

Daß eine derart formale Betrachtungsweise dem Prinzip des Gesetzesvorbehalts gerecht wird, muß bestritten werden. *Rupp* hat die Vorstellung, das Gesetz selbst suspendiere bei der Ermessenseinräumung von heteronomer gesetzlicher Gebundenheit, mit der Manier Münchhausens verglichen, der sich am eigenen Schopf aus dem Sumpf zieht[114]. Und in der Tat: Die herrschende Lehre gelangt mit ihrem Ermessensverständnis in die gefährliche Nähe des Punktes, „an dem sich das juristische Denken überschlägt"[115]. Soll doch das Prinzip des Gesetzesvorbehalts dazu herhalten können, sich selbst in der Frage absoluter Zweckmäßigkeit der Ermessensentscheidung außer Kraft zu setzen.

Bei solcher Deutung wäre die Situation im Grunde nicht anders als bei Gesetzen, die zum Erlaß gesetzesvertretender Verwaltungsverordnungen in einem dem Gesetzesvorbehalt unterliegenden Bereich ermächtigen. Das BVerfG hat in seiner Entscheidung zur Verfassungsmäßigkeit des § 346 I 1 LAG[116] keinen Zweifel daran gelassen, daß Gesetze derartigen Inhalts unzulässig sind[117]. Die Regelung des § 346 I 1, die den Präsidenten des Bundesausgleichsamts zum Erlaß von Verwaltungsverordnungen ermächtigt, wurde nur deshalb aufrechterhalten, weil die Ermächtigung Verfahrens- und Zuständigkeitsregelungen auf dem Gebiet der *Leistungsverwaltung* betrifft; insoweit aber brauchte nach Ansicht des Bundesverfassungsgerichts das Prinzip des Gesetzesvorbehalts nicht beachtet zu werden[118]. Zu dieser Begründung mag man stehen wie man will — klar ist jedenfalls eines: das *Bundesverfassungsgericht* sah nicht schon in der gesetzlichen Globalermächtigung eine dem Prinzip des Gesetzesvorbehalts genügende Grundlage; es verfiel nicht auf die von *Jesch* in einer Urteilsanmerkung[119] empfohlene formalistische Lösung, derzufolge die autonomen gesetzesvertretenden Weisungen der Behörde von der gesetzlichen Ermächtigung generell gedeckt seien[120].

Die Parallele gesetzesvertretender Verwaltungsverordnungen ist auch für das Verständnis des Ermessens aufschlußreich. Delegierende Globalermächtigungen an die Verwaltung sind allenfalls im Rahmen des Art. 80 GG zulässig. Die Voraussetzungen hierfür liegen beim Verwal-

---

[114] Vgl. Grundfragen, S. 182; NJW 1969, 1273 ff. (1273).
[115] So die Formulierung *Dürigs* in der Frage der Abänderbarkeit des Art. 79 III GG: AöR 79 (1954), 57 ff. (68 Fußn. 33).
[116] *BVerfGE* 8, 155 ff.
[117] *BVerfGE* 8, 165 ff.
[118] *BVerfGE* 8, 167.
[119] *Jesch*, AöR 84, 74 ff.
[120] *Jesch*, AöR 84, 81/82, 91.

tungsermessen nicht vor. Auch läßt sich nicht in Analogie zu Art. 80 GG eine besondere Rechtsetzungsbefugnis der Verwaltung konstruieren[121]. Nach allem erweist sich das Prinzip des Gesetzesvorbehalts zumindest im Bereich der Eingriffsverwaltung als unüberwindliches Hindernis für die Annahme einer durch Ermessen eingeräumten, autonom zu betätigenden Wahlfreiheit[122].

Auch die oben angeführte höchstrichterliche Rechtsprechung, derzufolge die Ausübung eines Grundrechts nicht vom Ermessen der Verwaltung abhängig gemacht werden darf, scheint in erster Linie das Prinzip des Gesetzesvorbehalts im Auge zu haben[123]. Grundrechte dürfen nur durch Gesetz eingeschränkt werden. Dieses Gebot wird umgangen, falls das einschränkende Gesetz der Exekutive doch wiederum die Einführung *eigener* (autonomer) Maßstäbe gestattet. Entsprechend weist das *BVerwG* in seiner Entscheidung zu § 35 BBauG[124] darauf hin, daß sich „der Inhalt des Eigentums ... in Wirklichkeit nicht aus dem Gesetz ... ergäbe", dürfte die Verwaltung „nach ihrem *eigenen* Ermessen darüber entscheiden, ob sie ein nach dem Tatbestand des § 35 II BBauG rechtlich unbedenkliches Vorhaben zuläßt oder nicht"[125]. Damit

---

[121] So zutreffend *Rupp*, NJW 1969, 1273 ff. (1274); ferner *Schmidt-Salzer*, VerwArch 60 (1969), 261 ff. (269).

[122] Widersprüchlich in diesem Punkt sind die Ausführungen bei *Müller*, DÖV 1969, 119 ff. (122). Müller geht zunächst davon aus, daß der die Eingriffsverwaltung beherrschende Grundsatz des Gesetzesvorbehalts tangiert wäre, wollte man Ermessensausübung „als rechtsfreie Entscheidung" ansehen. Dann jedoch erkennt er — nicht anders als die h. L. — eine Wahlfreiheit im Bereich absoluter Zweckmäßigkeit an mit der Begründung, daß selbst „insoweit, als die Ermessensschranken die Wahl zwischen zwei Entscheidungen lassen, ... die Wahl Rechtsanwendung" (!) ist. Wie aber soll eine rechtlich *nicht* determinierte Entscheidung Rechtsanwendung sein können?

Anders als der überwiegende Teil der h. L. gibt *Schmidt-Salzer*, VerwArch 60 (1969), 261 ff. (267 ff.) offen zu, daß die Konzeption autonomer Wahlfreiheit beim Ermessen gegen das Gesetzmäßigkeitsprinzip verstößt. Er hält dennoch die Ermessensermächtigung (im herkömmlichen Verständnis) als „Einbruch eines Praktikabilitätserfordernisses in die gedankliche Strenge eines theoretischen Strukturmodells" für zulässig (VerwArch 60, 275), wobei er irrig unterstellt, daß andernfalls auf die in der Ermessensnorm zutage tretende gesetzgeberische Technik verzichtet werden müßte.

[123] Die Judikate nehmen es allerdings nicht sehr genau, was die Präzisierung der von ihnen ins Feld geführten rechtsstaatlichen Erwägungen anlangt. Das *BVerwG* berief sich des öfteren auf die Wesensgehaltsgarantie (Art. 19 II GG); vgl. z. B. *BVerwGE* 2, 295 ff. (299), 4, 167 ff. (170), 250 ff. (255/256). Ganz allgemein vom Rechtsstaat ist die Rede in *BVerwGE* 2, 349 ff. (351), *BVerfGE* 8, 71 ff. (76); von „verfassungsrechtlichen Bedenken" in *BVerfGE* 11, 168 ff. (192). Detaillierter die Ausführungen in *BVerfGE* 20, 150 ff. (157), wo immerhin die Grundsätze der Gesetzmäßigkeit und der Gewaltenteilung genannt sind.

[124] *BVerwGE* 18, 247 ff.

[125] *BVerwGE* 18, 250.

distanziert sich das Gericht ganz entschieden von jeder formalistischen Betrachtungsweise bei der Anwendung des Prinzips des Gesetzesvorbehalts.

bb) Autonome Ermessensdeterminanten und Bestimmtheitsgrundsatz

Nach den Prinzipien des Gesetzesvorrangs und des Gesetzesvorbehalts ist es der Grundsatz der Bestimmtheit und Berechenbarkeit staatlichen Handelns, der beim Ermessen die Beschränkung auf eine strikt am Gesetzeszweck orientierte Zweckmäßigkeit verlangt. Die subjektive Ungewißheit des Bürgers ist durch die abstrakte Mehrheit von Verhaltensalternativen ohnehin gesteigert. Sie läßt sich nur insoweit rechtfertigen, als wenigstens der Zweck des Gesetzes einen letzten objektiven Anhaltspunkt bietet[126]. Was aber nützte jener objektive Anhaltspunkt, wenn der Ermessensentscheidung außerdem noch subjektive Maßstäbe zugrunde gelegt werden könnten? Die theoretische Möglichkeit, den hoheitlichen Eingriff im konkreten Fall vorherzusehen und zu berechnen, wäre nicht mehr gegeben. Gerade das aber ist notwendig. Auch beim Bestimmtheitsgrundsatz ist Formalismus fehl am Platze. Es genügt nicht, daß der Bürger um die Mehrheit von Verhaltensalternativen weiß und sich im Ernstfall sozusagen „auf das Schlimmste" gefaßt machen muß.

cc) Autonome Ermessensdeterminanten und Gewaltenteilungsprinzip

Im Zusammenhang mit dem Problem der Ermessensausübung im Grundrechtsbereich wird in Lehre und Rechtsprechung mehrfach auf das Prinzip der Gewaltenteilung verwiesen[127]. Und in der Tat kann es nicht zweifelhaft sein, daß die autonome Setzung von Zwecken zumindest im Bereich der Eingriffsverwaltung Sache des Gesetzgebers, nicht der Verwaltung ist. Darüber hinaus enthält eine den vorgegebenen Gesetzeszweck abschwächende (verdrängende) Determination des Ermessens — wie sie bei autonomer Wahlfreiheit im Grunde immer vorliegen würde — schlechthin und nicht nur bei eingreifender Verwaltung einen Verstoß gegen das Gewaltenteilungsprinzip.

---

[126] In diesem Sinne die — allerdings auf das „Beurteilungsermessen" gemünzte — Formel in *BVerfGE* 8, 274 ff. (325): „Ermächtigungen der Exekutive zur Vornahme belastender Verwaltungsakte müssen nach Inhalt, Gegenstand, Zweck und Ausmaß hinreichend begrenzt sein, so daß die Eingriffe meßbar und in gewissem Umfang für den Staatsbürger voraussehbar und berechenbar werden." Zum Bestimmtheitsgrundsatz beim Ermessen vgl. auch *Maunz-Dürig* in: *Maunz-Dürig-Herzog*, Art. 20 GG Anm. 91.

[127] *BVerfGE* 8, 274 ff. (325); 20, 150 ff. (157 f.); *Friauf*, JuS 1962, 422 ff. (424); *Hoppe*, DVBl. 1969, 340 ff. (342).

Verfassungskonform ist auch von daher allein diejenige Konzeption, die die Ermessensausübung auf heteronome Determinanten beschränkt.

dd) Autonome Ermessensdeterminanten und Rechtsschutzgarantie

Kein taugliches Argument bietet dagegen die Rechtsschutzgarantie (Art. 19 IV GG)[128]. Diese greift erst dann ein, wenn objektiv-rechtlichen Bindungen der Verwaltung ein subjektives öffentliches Recht des Bürgers korrespondiert[129]. Für das materiell-rechtliche Problem, ob im Bereich absoluter Zweckmäßigkeit der Ermessensentscheidung derartige rechtliche Bindungen bestehen oder nicht, gibt Art. 19 IV GG nichts her[130]. Insoweit gilt der Grundsatz der vollen logischen Akzessorietät der prozessualen Norm gegenüber dem materiellen Recht[131].

c) Das Ergebnis in der Frage der Ermessensdeterminanten

Die verfassungsrechtliche Analyse hat ergeben, daß die rechtsstaatlichen Grundsätze des Gesetzesvorbehalts und Gesetzesvorrangs, der Bestimmtheit und Berechenbarkeit staatlichen Handelns wie auch der Gewaltenteilung eine strikte heteronome Determinierung des Ermessens verlangen und die Einführung autonomer Maßstäbe verbieten. Nur bei dieser Sicht der Dinge läßt sich die *Technik* der Ermessensnorm — die von ihr abstrakt zur Verfügung gestellte Mehrheit von Verhaltensweisen — mit dem Rechtsstaatsprinzip vereinbaren.

An kritischen Einwänden gegenüber der hier vertretenen rechtsstaatlichen Auffassung fehlt es nicht. Moniert wird etwa die idealistische „Überspannung der Idee des Rechtsstaats über gewisse erkenntnistheoretische Grenzen hinaus"[132]. Mit den „erkenntnistheoretischen Grenzen" sind die Schwierigkeiten bei Ermittlung der dem Gesetzeszweck am besten entsprechenden Lösung gemeint. Solche Schwierigkeiten sind sicherlich vorhanden. Man macht es sich aber zu leicht, wenn man ihnen durch offene Zulassung autonomer Determinanten aus dem Wege geht. Richtige Rechtsanwendung ist in jedem Falle — nicht nur beim Ermessen — ein Ideal. Desungeachtet verlangt das Rechtsstaatsprinzip richtige Rechtsanwendung und will eben in dieser Beziehung idealistisch verstanden werden. Wer von Idealen im Recht nichts hält, der mag das

---

[128] Mit Art. 19 IV argumentiert das *BVerfG* in *BVerfGE* 8, 274 ff. (326).
[129] Vgl. *Schmidt-Salzer*, Beurteilungsspielraum, S. 50.
[130] Zutreffend insoweit: *Ekkehart Stein*, Wirtschaftsaufsicht, S. 109.
[131] *Schmidt-Salzer*, Beurteilungsspielraum, S. 51, zum ähnlich gelagerten Problem des „Beurteilungsspielraums" bei unbestimmten Rechtsbegriffen.
[132] *Meder*, DVBl. 1970, 857 f. (858).

III. Eigenes Lösungsmodell

Rechtsstaatsprinzip gleich ganz über Bord werfen. Daß andererseits das Verwaltungsrecht nicht zur „idealistischen Illusion"[133] wird, ist durch materiell-rechtliche Vermutungen und prozessuale Regeln, die vor allem die Art und Weise der richterlichen Überzeugungsbildung[134] betreffen, sichergestellt. So gilt natürlich auch bzw. erst recht bei der Ermessensausübung jene für die Auslegung strikt bindender Rechtssätze aufgestellte widerlegbare Vermutung, daß *im Zweifel* die praktikablere Entscheidung zugleich die vom Gesetz gewollte und seinen Intentionen entsprechende Lösung enthält[135]. Diese Vermutung erleichtert die Realisierung des vorgegebenen Maßstabs gesetzeszweckentsprechender Zweckmäßigkeit, ohne doch dessen Ausschließlichkeit in Frage zu stellen. Davon abgesehen dürften die Anforderungen an die Bestimmtheit des Gesetzeszwecks beim Ermessen besonders hoch sein, wie die Regelung des § 114 VwGO zeigt. Eine Ermessensnorm, die so vage und uferlos ist, daß sie auch einem teleologischen Auslegungsverfahren keine Richtlinien bietet, ist von vornherein nichtig[136].

Der verfassungsrechtlich gebotenen Beschränkung der Ermessensausübung auf heteronome Determinanten läßt sich auch nicht entgegenhalten, die Ermessensnorm verdanke ihre Praktikabilität gerade dem Umstand, daß sie eine Berücksichtigung verwaltungseigener Belange ermögliche. Zunächst einmal zählt die Verwirklichung des im Gesetz verobjektivierten Zwecks selbst zu den Belangen der Verwaltung, und zwar zu den vordringlichsten und wichtigsten. Zum anderen muß erneut auf die Komplexität des Gesetzeszwecks verwiesen werden. Die Vorstellung, es werde bei strenger Beschränkung auf den Gesetzeszweck ein einziger konkreter Zweck unter Negierung der Folgen für alle anderen Zielsetzungen und Werte der Verwaltung verwirklicht, ist falsch. Vielmehr ist — zumindest beim gewöhnlichen „Rechtsgesetz" — eine Vielzahl von Einzelzwecken im vereinfachend so bezeichneten „Gesetzeszweck" konzentriert. Das beginnt mit der fast schon obligatorischen Koppelung von Staatsinteressen und Individualinteressen und steigert sich bis zur „Außenverweisung"[137] auf an sich außerhalb des Gesetzes liegende Zwecke, wie sie in Dispensvorschriften üblich ist („Befreiung kann erteilt werden, wenn ... Gründe des Wohls der Allgemeinheit die Befreiung erfordern"). Selbst fiskalische Zielsetzungen

---

[133] Wie *Meder* (DVBl. 1970, 858) befürchtet.
[134] Dazu mehr im prozessualen Teil der Arbeit (vgl. § 6 II 2).
[135] Zu dieser Vermutung im Rahmen der Gesetzesauslegung vgl.: *RGZ* 74, 69 ff. (72); *Württ.-Bad. VGH*, VerwRspr. 7 Nr. 28 (S. 139); *Enneccerus-Nipperdey*, Bürgerliches Recht Allg. Teil, § 56 III (S. 335); *Ossenbühl*, DÖV 1965, 649 f. (660).
[136] *Rupp*, Grundfragen, S. 202; ders. NJW 1969, 1273 ff. (1276).
[137] Zur Terminologie vgl. *Häberle*, Öffentliches Interesse, S. 226 ff. (228).

können vom Gesetzeszweck gedeckt sein[138]. Diese Vielfalt trägt dem Gesichtspunkt der Koordination verschiedenster Verwaltungsbelange durchaus Rechnung.

Hinzu kommt, daß die Verwaltung über die Ministerialbürokratie maßgeblich an der Ausarbeitung der Gesetzesentwürfe beteiligt ist[139] und damit bis zu einem gewissen Grade Einfluß auf die zweckmäßige Gestaltung der von ihr anzuwendenden Gesetze nehmen kann. Sollte es desungeachtet zu unsachgemäßen Gesetzen kommen, so ist es nicht die Aufgabe der Verwaltung, durch eigenmächtige subjektive Zielsetzung oder Verschiebung der Akzente das Gesetz zu korrigieren; dies ebensowenig bei der Ermessensausübung wie bei der Anwendung „strikten Gesetzesrechts". Das Problem sachwidriger Gesetze[140] muß auf andere, verfassungsrechtlich saubere Weise gelöst werden.

Am rechtsstaatlichen Ergebnis gilt es festzuhalten: autonome Determinanten dürfen die Ermessensentscheidung nicht beeinflussen. Die Ausübung des Ermessens im Sinne subjektiver verwaltungsmäßiger Zweckmäßigkeit ist unzulässig. Maßgeblich ist allein der objektive Normzweck. Von daher steht einer die Ermessensentscheidung objektiv determinierenden Wirkungsweise des Normzwecks nichts im Wege. Das wichtigste Argument für die h. L. ist entkräftet.

5. Grenzen verwaltungsgerichtlicher Kontrolle als materiellrechtliche Argumentationsbasis

In der tradierten Ermessenslehre findet sich besonders häufig das Argument, die *Gerichte* hätten sich mit Fragen objektiver Zweckmäßigkeit nicht zu befassen, andernfalls arte die verwaltungsgerichtliche Kontrolle ins Uferlose aus, die Verwaltung werde gehemmt, und überdies nehme unzulässigerweise ein politisch nicht verantwortliches und unsachverständiges Organ (das Gericht) materielle Verwaltungsfunktionen wahr, „Doppelverwaltung" sei die Folge[141]. Auch lasse sich gar

---

[138] Vgl. *Häberle*, Öffentliches Interesse, S. 516 f.

[139] Vgl. *Zippelius*, Allgemeine Staatslehre, S. 206.

[140] Zu diesem Problem, dessen rechtlicher Aspekt viel zu wenig beachtet wird, haben sich etwa geäußert: *Krüger*, DÖV 1958, 673 ff. (S. 674: „Der Gesetzgeber darf nur eine Konstruktion wählen, die den natürlichen Anlagen der zu gestaltenden Materie entspricht"); *Lerche*, DÖV 1961, 486 ff. (487—489), der das Problem der „Strukturgerechtigkeit von Gesetzen" aus verfassungsrechtlicher Sicht behandelt.

[141] So oder ähnlich argumentieren: *Drews-Wacke*, S. 348; *Ossenbühl*, DÖV 1968, 618 ff. (insbes. S. 626 f.); *Zweigert*, Gemeinschaftskommentar zum GWB, § 70 Anm. 10; *LVG Minden*, DÖV 1952, 117 f. (118, rechte Spalte). Großer Beliebtheit erfreut sich auch jene Floskel, wonach die Gerichte ihr Ermessen nicht an die Stelle des Ermessens der Verwaltung setzen dürfen. Vgl. z. B. BVerwGE 29, 140 ff. (142); ferner die Nachweise bei *Schmidt-Salzer*, Beurteilungsspielraum, S. 9 Fußn. 14.

III. Eigenes Lösungsmodell

nicht feststellen, welche Entscheidung die richtigste und zweckmäßigste sei[142]; als Frage individueller Wertung sei die absolute Zweckmäßigkeit objektiver Erkenntnis verschlossen[143].

Diesen Argumenten ist von vornherein der Boden entzogen, soweit ihnen die Vorstellung zugrunde liegt, es dürfte die Verwaltung das Ermessen im Sinne ihrer eigenen subjektiven Belange nach Gesichtspunkten verwaltungsmäßiger Zweckmäßigkeit handhaben. Die Unrichtigkeit solcher Behauptungen ist im vorangegangenen Teil an Hand der Verfassung nachgewiesen worden. Es kann sich also bei der folgenden Erörterung nur noch darum handeln, die Stichhaltigkeit der angeführten Argumente im Hinblick auf die am objektiven Gesetzeszweck orientierte Zweckmäßigkeit zu überprüfen.

In jedem Fall ist an der Argumentationsweise der h. L. bemerkenswert, daß sie an der als unerwünscht befundenen Folge der gerichtlichen Kontrolle anknüpft und von daher den Bereich des Ermessensfehlgebrauchs festlegt — getreu dem Motto, daß nicht sein kann, was nicht sein darf. Es ist außerdem sehr zweifelhaft, ob von Grenzen richterlicher Kontrolle auf den Mangel materiell-rechtlicher Bindungen rückgeschlossen werden kann. Die h. L. selbst hat sich bei den unbestimmten Rechtsbegriffen von dieser Vorstellung gelöst, wie die als möglich behauptete Paarung des „Beurteilungsspielraums" mit dem Modell der nur *einen* richtigen Lösung zeigt.

Abgesehen von solchen Ungereimtheiten muß auch die sachliche Richtigkeit der vorgetragenen Argumente bezweifelt werden.

a) Da ist gleich zu Anfang klarzustellen, daß in der Rechtswirklichkeit die Gerichte sehr wohl auf Fragen der objektiven Zweckmäßigkeit der Ermessensentscheidung eingehen[144], ja, eingehen müssen. Der Nachweis fehlsamer Motivation ist — da es um eine „innere Tatsache" geht — mit Schwierigkeiten verbunden[145]. Nicht immer wird die Behörde dem Richter die in Wahrheit verfolgten Zwecke oder ihre Nachlässigkeit bei den anzustellenden Überlegungen dartun[146]. Deshalb bleibt dem Gericht oft nichts anderes übrig, als im Wege des Rückschlusses von objektiven Momenten — wie vor allem evidenter Unzweckmäßig-

---

[142] *VGH Karlsruhe*, DÖV 1949, 100: „Die Feststellung, ob eine Entscheidung die absolut richtige und zweckmäßige ist, wird in vielen Fällen überhaupt über das menschliche Urteilsvermögen hinausgehen."

[143] Bekanntlich das Hauptargument *Walter Jellineks*; vgl. Gesetz, S. 77 ff.

[144] Vgl. auch *Rupp*, Grundfragen, S. 210.

[145] *Jöhr*, aaO. (Fußn. 26) S. 177.

[146] Unrealistisch die von *v. Laun*, Das freie Ermessen, S. 229, geäußerte gegenteilige Ansicht, zumal v. Laun wenig später (aaO. S. 231) eine Verpflichtung der Behörde zur Bekanntgabe ihrer Beweggründe ausdrücklich verneint.

keit des betreffenden Ermessensakts — einen etwaigen Motivationsmangel zu ermitteln. Das wird innerhalb der h. L. zuweilen sogar zugegeben[147]. Läßt man freilich den Richter die Überzeugung vom Obwalten fehlerhafter Motive aus der erkennbaren („offenbaren", „evidenten") Zweckwidrigkeit der Ermessensentscheidung gewinnen, so ist die Frage berechtigt, warum der Richter nicht unmittelbar den objektiven Mangel zum Anlaß der Kassation soll nehmen dürfen, anstatt ihn lediglich „als Durchgangspunkt für die Ermittlung von Motivationsmängeln" behandeln zu müssen[148].

b) Daß die Verwaltung „gelähmt" werde[149], ist schon von jeglicher Ausdehnung der gerichtlichen Ermessenskontrolle[150] und darüber hinaus schlechthin für den Ausbau der Verwaltungsgerichtsbarkeit[151] behauptet worden. Die „Lähmungs-" oder „Asthmatheorie" ist keineswegs überzeugend. Zu Prozessen kommt es ohnehin auf Grund der von der h. L. erarbeiteten zahlreichen Ermessensfehler. Was dabei die Prozeßdauer anlangt, so dürfte auch die Ausdehnung der Gerichtskontrolle auf Fragen objektiver Zweckmäßigkeit nicht mehr besonders ins Gewicht fallen. Im Gegenteil — in Fällen, in denen der Nachweis objektiver Unzweckmäßigkeit verhältnismäßig leicht zu erbringen ist, würde die Rechtskontrolle geradezu beschleunigt. Nicht zu vergessen der von der Verwaltungsrechtsprechung ausgehende „Rationalisierungseffekt" für die aktive Verwaltung[152], der die mit der gelegentlichen Verzögerung eines streitigen Einzelfalls verbundenen Nachteile wieder ausgleicht[153].

c) Nicht zwingend ist ferner die Behauptung, die gerichtliche Überprüfung der Zweckmäßigkeit einer Ermessensentscheidung enthalte als materielle Verwaltungstätigkeit einen Eingriff in die Kompetenzen der Verwaltung und somit einen Verstoß gegen das Gewaltenteilungsprinzip. Hinter dieser Argumentation verbirgt sich eine petitio principii. Man unterstellt, was gerade zu beweisen ist: die außerrechtliche Natur des Zweckmäßigen bei der Ermessensentscheidung. Im Falle der „Verrechtlichung" des Zweckmäßigen nämlich wäre zwangsläufig die entsprechende Kontrolle Rechtskontrolle und nicht „Verwaltung". Solange

---

[147] Vgl. *Bernatzik*, Rechtsprechung, S. 44/45; *ders.* in Grünhut 18, 148 ff. (160). Ebenso: *v. Laun*, Das freie Ermessen, S. 231.
[148] *Tezner*, Grünhut 19, 327 ff. (393).
[149] Vgl. *Meyer*, DÖV 1969, 162 ff. (164 f.).
[150] So von *Nebinger*, DÖV 1953, 626 ff. (628).
[151] So von *Haas*, MDR 1953, 651 ff. (651). *Krüger*, DÖV 1956, 550 ff. (550) beklagt in diesem Zusammenhang die „Hypertrophie des Rechtsschutzes".
[152] *Bachof*, DÖV 1953, 417 ff. (418/419); *Kollmann*, DÖV 1955, 45 ff. (46); *Reuss*, DÖV 1954, 55 ff. (57).
[153] *Reuss*, DÖV 1954, 57.

III. Eigenes Lösungsmodell

die gegenteilige Prämisse nicht erwiesen ist, entbehrt das Schlagwort von der Doppelverwaltung jeglicher Berechtigung[154].

Die Vorstellung von der Doppelverwaltung ist so festgefahren, daß sie selbst da noch zum Zuge kommt, wo gesetzliche Bestimmungen expressis verbis die objektive Unzweckmäßigkeit in den Katalog der Ermessensfehler miteinbeziehen. Derartige Regelungen sind tatsächlich vorhanden. So hat nach § 146 Ziff. 2 FlurBG das Flurbereinigungsgericht auch zu prüfen, „ob die Flurbereinigungsbehörde oder die obere Flurbereinigungsbehörde *in zweckmäßiger Weise* von ihrem Ermessen Gebrauch gemacht hat". Und in § 70 IV S. 1 GWB (Gesetz gegen Wettbewerbsbeschränkungen) ist die Rede vom „fehlsamen Ermessensgebrauch" der Kartellbehörde. Darunter fällt die objektiv unzweckmäßige Entscheidung selbst dann, wenn man die im 2. Halbsatz beschriebenen Kategorien von „Ermessensüberschreitung" und „Ermessensmißbrauch" im Sinne der h. L. interpretiert; denn diese Kategorien sind nur beispielhaft genannt („insbesondere")[155]. Die h. L. kann sich hier also — im Gegensatz zu § 114 VwGO — nicht gut über die ausdrückliche und unmißverständliche Erstreckung der gerichtlichen Kontrolle auf Fragen der Zweckmäßigkeit hinwegsetzen.

Anstatt nun aber gesetzliche Bestimmungen dieser Art zum Anlaß einer „Neubesinnung" zu nehmen[156], sieht sich die h. L. erneut nur in ihrem Dogma bestärkt — gleichsam nach dem Motto, daß die Ausnahme die Regel bestätigt. Das lassen die zu § 70 IV S. 1 GWB abgegebenen Stellungnahmen eindeutig erkennen. Aus der gerichtlichen Kontrollbefugnis wird nicht etwa die *Rechts*qualität des überprüfbaren Ermessensfehlers der Unzweckmäßigkeit gefolgert[157]. Denn nicht Rechtskontrolle, sondern materielle Verwaltungstätigkeit sollen insoweit die Gerichte ausüben[158]. Die darin liegende Durchbrechung des Gewaltenteilungsprinzips sei gerechtfertigt, da sie den „Kernbereich" dieses Prinzips unberührt lasse[159]. Eine bequeme, nicht aber überzeugende

---

[154] Gegen das Schlagwort von der Doppelverwaltung im Zusammenhang mit der gerichtlichen Überprüfung unbestimmter Rechtsbegriffe schon *Tezner,* Das freie Ermessen, S. 18; ferner, aus neuerer Zeit, *Schmidt-Salzer,* Beurteilungsspielraum, S. 12 und VerwArch 60 (1969), 261 ff. (281 f.), der sehr klar die Zirkelschlüssigkeit der üblichen Argumentation aufdeckt.

[155] So denn auch: *Zweigert* in Gem.Komm zum GWB, § 70 Anm. 10 (S. 1031); ders. Das neue Kartellgesetz, S. 20, 23; *Müller-Gries,* GWB, § 70 Anm. 8; *Baumbach-Hefermehl,* § 70 GWB Anm. 1; *Benkendorff,* WuW 1958, 740 ff. (745 ff.); *Stern,* Ermessen, S. 13.

[156] Wie *Stern,* aaO. S. 13, im Hinblick auf § 70 IV S. 1 GWB und Art. 33 I EGKS-Vertrag anregt.

[157] Vgl. *Benkendorff,* aaO. S. 744 ff.

[158] *Benkendorff,* aaO. S. 744 ff.; *Zweigert* in Gem.Komm. zum GWB, § 70 Anm. 13 (S. 1036).

[159] Vgl. *Zweigert* in Gem.Komm. aaO.; ders. Das neue Kartellgesetz, S. 21.

Deutung! „Fehlsamer Gebrauch des Ermessens" bedeutet üblicherweise soviel wie „rechtswidrige Ermessensausübung". Die h. L. dagegen will diesen in § 70 IV S. 1 GWB ohne jede Differenzierung angeführten Begriff gleichermaßen rechtswidrigen wie rechtmäßigen Ermessensgebrauch umfassen lassen[160]; des weiteren muß sie den im Gesetz einheitlich gehandhabten Begriff der Beschwerde aufspalten in Rechtsbeschwerde und Verwaltungsrekurs. Das widerspricht jeder natürlichen Betrachtungsweise. Bei natürlicher und unvoreingenommener Sicht der Dinge ist das Beschwerdegericht zur Kassation unzweckmäßiger Verfügungen nur deshalb befugt, weil auch in einem solchen Falle nach dem Willen des Gesetzes Rechtswidrigkeit vorliegt. Die Konstruktion der ausnahmsweise gerechtfertigten „Doppelverwaltung" ist überflüssig und durch nichts zu belegen.

d) Der Richtigstellung bedarf auch die von *Walter Jellinek* so nachdrücklich propagierte These, die Entscheidung über das absolut Zweckmäßige erfordere einen Akt individueller Wertung und entziehe sich damit gerichtlicher Nachprüfung. Diese Überlegung wäre zutreffend, könnte die Verwaltung ihrer Entscheidung *eigene* subjektive Werte zugrunde legen. Da sie jedoch von objektiv vorgegebenen, gesetzlichen Werten auszugehen hat, ist die von ihr bei der Ermessensausübung vorzunehmende „Wertung" keine subjektive Eigenwertung, sondern „nachvollziehende", konkretisierende Wertung. Solche Wertungen sind auch bei der Auslegung „strikten Gesetzesrechts", insbesondere aber bei der Anwendung unbestimmter Rechtsbegriffe unumgänglich[161]. Das damit verbundene schöpferische Element steht gerichtlicher Kontrolle nicht entgegen[162]. Andernfalls wäre überhaupt die Existenzberechtigung der Gerichte in Frage gestellt.

e) Die Schwierigkeiten bei der Ermittlung des absolut Zweckmäßigen im konkreten Fall und die daraus resultierenden subjektiven Meinungs-

---

[160] Eine dahingehende Differenzierung ergibt sich nicht etwa aus der merkwürdigen alternativischen Formulierung der Rechtsfolge in § 70 IV 1 GWB („Unzulässigkeit oder Unbegründetheit der Verfügung"). Dieses Begriffspaar soll die Unterscheidung zwischen prozessualen und materiellrechtlichen — jedenfalls also *rechtlichen* — Fehlern verdeutlichen (*Langen*, Kommentar zum Kartellgesetz, § 70 GWB Anm. II), ist aus den vorangehenden Absätzen 2 und 3 übernommen und entbehrt im Falle des Art. 4 jeglichen Sinnes (Langen, aaO. Anm. IV). Die verfehlte Wendung ist nur dank einer unglückseligen Formulierungshilfe im Rechtsausschuß nachträglich an die Stelle des ursprünglich vorgesehenen Ausdrucks „rechtswidrig" (!) getreten. Vgl. dazu *Sitzungsprotokolle des Rechtsausschusses*, 2. Wahlperiode, Nr. 217, S. 47 f., Nr. 219, S. 617.

[161] Zur Wertung bei unbestimmten Rechtsbegriffen vgl. *Schweiger*, DVBl. 1968, 481 ff. (485 ff.).

[162] So hinsichtlich der ähnlich gelagerten Problematik des „Beurteilungsspielraums" bei unbestimmten Rechtsbegriffen: *Schmidt-Salzer*, Beurteilungsspielraum, S. 69 f.

III. Eigenes Lösungsmodell

verschiedenheiten schließen ebenfalls nicht die gerichtliche Nachprüfung von vornherein aus. Eine mehr oder weniger große „Schwankungsbreite" der möglichen Entscheidungen eignet naturgemäß allen Akten „wertender Erkenntnis". Erreichbar ist hier allenfalls eine „subjektive Richtigkeit"[163]. Das aber spricht noch nicht gegen die Geltung des Prinzips „der einen und nur einen richtigen Entscheidung". Dieses Prinzip besagt lediglich, daß als letztverbindliche Erkenntnis des objektiv Richtigen die subjektive Entscheidung eines kompetenten Organs gelten soll[164]; nicht aber setzt es die Möglichkeit einer „eindeutigen", objektiv richtigen Lösung voraus[165].

f) So bliebe als letztes Argument denn nur noch die These, daß im Bereich des Ermessens jene Befugnis zur letztverbindlichen Entscheidung wegen größerer Sachnähe und Fachkenntnisse eben der Verwaltung übertragen sein müsse. Auch dieses Argument erweist sich als nicht stichhaltig. Sicherlich muß der Sachverstand der Verwaltung bei Bildung der richterlichen Überzeugung genügend berücksichtigt werden[166]. Das aber rechtfertigt nicht eo ipso die Beschneidung der richterlichen Kontrolle. Es kommt in jedem einzelnen Fall darauf an, ob dem Gericht Kontrollmöglichkeiten zu Gebote stehen. Für Kontrollmöglichkeiten sorgt z. B. — nicht anders als bei unbestimmten Rechtsbegriffen — der Begründungszwang[167]. Die Verwaltungsbehörde muß die für die Entscheidung maßgeblichen Gesichtspunkte in rational nachvollziehbarer Weise darlegen[168]. Überdies kann das Gericht in besonders schwierigen Sachfragen einen Sachverständigen bemühen[169]. Es stimmt also nicht, daß die Verwaltung im Falle einer Zweckmäßigkeitskontrolle der Ignoranz von Gerichten ausgeliefert wäre.

Insgesamt ist damit kein einziges der eingangs angeführten Argumente wirklich begründet. Der Hinweis auf Wesen und Grenzen verwaltungsgerichtlicher Kontrolle ist nicht geeignet, die herrschende

---

[163] *Schmidt-Salzer*, Beurteilungsspielraum, S. 45 f.

[164] *Schmidt-Salzer*, Beurteilungsspielraum, S. 45 f.

[165] Eine Vorstellung, von der sich die Gegner dieses Prinzips immer noch nicht haben lösen können; bezeichnend etwa die Ausführungen von *Walter Schmidt*, JuS 1971, 184 ff. (188).

[166] Dazu später im prozessualen Teil der Arbeit (§ 6 II).

[167] So im Hinblick auf die gerichtliche Kontrolle bei unbestimmten Rechtsbegriffen: *Schmidt-Salzer*, Beurteilungsspielraum, S. 60 ff.

[168] *Schmidt-Salzer*, Beurteilungsspielraum, S. 62 f.

[169] Vgl. *Geiger*, Bindungen der Verwaltung in: Wandlungen der rechtsstaatlichen Verwaltung, S. 115 ff. (136). Nach Geiger soll sogar die Verwaltung in Gestalt des Sachverständigen „ein Stück Spielraum zurückgewinnen, das sie durch die Minimalisierung der Entscheidungsfreiheit verloren hat". Auf die Möglichkeit der Zuhilfenahme von Sachverständigen wird auch im Rahmen der ähnlich gelagerten Problematik bei unbestimmten Rechtsbegriffen gerne verwiesen; vgl. z. B. *Korbmacher*, DÖV 1965, 696 ff. (703).

Theorie von der rechtlichen Irrelevanz des Zweckmäßigen bei der Ermessensentscheidung zu rechtfertigen.

6. Die Bedeutung von Motivationsmängeln bei gleichzeitiger rechtlicher Gebundenheit im objektiven Bereich

Auf Grund der vorangegangenen Klärung können nunmehr die Folgerungen für die Interpretation der gesetzlichen Bestimmungen über rechtswidrigen Ermessensgebrauch (§§ 114 2. Alt. VwGO, 163 S. 1 2. Alt. BBauG, 102 FGO) gezogen werden. Geht man von einem verfassungskonformen Zweckmäßigkeitsbegriff aus, so bestehen keinerlei Anhaltspunkte, warum nicht bereits die objektive Abweichung der Ermessensentscheidung vom Gesetzeszweck — im Sinne objektiver Unzweckmäßigkeit — einen Ermessensfehler darstellen sollte.

Zweifelhaft ist nur noch, ob es allein und ausschließlich auf die objektive Zweckmäßigkeit der Ermessensentscheidung ankommt oder ob subjektive Mängel im Sinne der Lehre von den immanenten Ermessensschranken in die rechtliche Wertung miteinzubeziehen sind[170]. Diese Frage betrifft die am praktischen Beispiel bereits verdeutlichte Problematik: die Polizei nimmt aus persönlicher Aversion oder politischen Motiven den tatsächlich am besten geeigneten Störer (Nichtstörer) in Anspruch[171]. Soll hier nun die objektiv zweckmäßige Auswahlentscheidung Bestand haben ungeachtet der Tatsache, daß sie fehlerhaft motiviert ist?

Aufschlußreich ist der Blick auf die entsprechende Situation beim sog. strikt gebundenen Gesetzesvollzug. Dort kommt es für die Rechtmäßigkeit der Akte auf die innere Motivation der ausführenden Behörde nicht an[172]. Entscheidend ist allein die *objektive* Übereinstimmung mit dem „Willen des Gesetzes". Nichts anderes kann nun aber für das Ermessen gelten, sofern man sich dieses im konkreten Einzelfall als durch den Normzweck in vollem Umfang heteronom determiniert vorstellt. Denn dann ist auch Ermessensausübung eine — auf die Technik teleologisch-topischer Rechtsanwendung und Lückenfüllung in besonderem Maße angewiesene — Art gebundenen Gesetzesvollzugs. Richtig oder falsch kann nur das objektive, in die Außenwelt tretende Ergebnis der Ermessensbetätigung sein; unerheblich dagegen bleibt, welchen Erwägungen dieses Ergebnis zu verdanken ist, und welche subjektiven Anstrengungen insoweit unternommen wurden.

---

[170] Vgl. die oben wiedergegebene dritte Möglichkeit zur Wirkungsweise des Normzwecks: § 4 III 2 a, cc.
[171] Vgl. oben § 4 III 2 b, dd.
[172] *Steindorff*, Nichtigkeitsklage, S. 78.

III. Eigenes Lösungsmodell

Das Abstellen auf das objektive Ergebnis soll nun freilich nicht besagen, daß schlechthin Mängel bei der Entscheidungsbildung — insbesondere also auch Mängel in der Frage der behördlichen Zuständigkeit und des Verfahrens — als rechtlich irrelevant zu gelten hätten. Der Gesetzgeber hat es durchaus in der Hand, für ein bestimmtes Verwaltungshandeln besondere Zuständigkeiten und ein besonderes Verfahren mit der Folge der Rechtswidrigkeit im Falle der Nichtbeachtung vorzusehen. Formelle Mängel können bei jeglichem Verwaltungshandeln — insbesondere auch bei der Anwendung von ius strictum — für den Gesetzgeber von solchem Gewicht sein und die *materielle* Rechtswidrigkeit in einem Maße vermuten lassen, daß es dem Gesetzgeber auf eine Prüfung der materiellen Rechtmäßigkeit nicht mehr ankommt. So verhält es sich in aller Regel bei der Unzuständigkeit von Behörden. Bei der Versagung des rechtlichen Gehörs wiederum wäre zu differenzieren; hier wird teilweise angenommen, daß der Mangel durch Nachholung des rechtlichen Gehörs geheilt werden kann[173]. § 36 EVwVerfG stellt darüber hinaus bei einem Verstoß gegen das Gebot rechtlichen Gehörs ganz auf die materiell-rechtliche Beurteilung ab: die Entscheidung soll Bestandskraft haben, wenn feststeht, daß auch bei Anhörung dieselbe Maßnahme ergangen wäre. Man sieht also: der Gesetzgeber ist nicht nur in der Lage, die verschiedensten formellen Schranken in das „Vorfeld" der verwaltungsbehördlichen Entscheidung einzubauen; er kann darüber hinaus formelle Verstöße auch noch — je nach Bedeutung und Einschätzung — mit unterschiedlichen Sanktionen ausstatten (Aufhebbarkeit oder Nichtigkeit des Verwaltungsakts, Heilungsmöglichkeit, Bestandskraft im Falle *materieller* Rechtmäßigkeit).

Theoretisch ist sogar vorstellbar, daß der Gesetzgeber bei einer besonders gearteten Materie die einwandfreie Motivation zur formellen Voraussetzung erhebt *und* bereits den Motivationsmangel zum Anlaß der Rechtswidrigkeitsfolge nimmt. Dergleichen müßte jedoch — und das wäre beim Ermessen nicht anders als im Rahmen von ius strictum — besonders angeordnet sein. Fehlt es an entsprechenden Bestimmungen, so verbleibt es bei dem Grundsatz, daß über die richtige Rechtsanwendung das objektive Ergebnis und dessen Übereinstimmung mit dem materiellen Recht entscheidet, und daß es insoweit auf die Motivation nicht ankommt.

Die intrasubjektiven Vorgänge können sicherlich dem Richter bei der Frage weiterhelfen, ob in einem konkreten Fall die objektiv beste Lösung erzielt wurde. Das aber ist ein Problem des Prozeßrechts, genauer gesagt ein Problem der richterlichen Überzeugungsbildung[174].

---

[173] Vgl. *Wolff*, Verwaltungsrecht III, § 156 IV 4 (S. 243).
[174] Dieses Problem wird im prozessualen Teil der Arbeit behandelt werden (§ 6 II).

§ 4 Freiheitsspielraum und immanente Ermessensschranken

Für die *materiell*rechtliche Beurteilung ist dieser Aspekt nach geltendem Recht ohne Belang.

Damit ist eine Untersuchung abgeschlossen, die das herrschende Dogma von der Wahlfreiheit an der Lehre von den immanenten Schranken maß. Es hat sich gezeigt, daß zwar der Ansatzpunkt dieser Lehre — die Anknüpfung am Gesetzeszweck — Zustimmung verdient, nicht aber die Durchführung. Bei Zugrundelegung des richtigen verfassungsrechtlichen Verständnisses und einiger Konsequenz gelangt man zum Ergebnis einer objektiv determinierenden Wirkungsweise des Normzweckes, die das Ermessen in concreto total und nicht nur partiell verrechtlicht. In diesem Sinne müssen daher die einschlägigen gesetzlichen Bestimmungen über Ermessensfehlgebrauch interpretiert und angewandt werden.

§ 5 Ermessensfreiheit und unbestimmter Rechtsbegriff

I. Die Ausklammerung der unbestimmten Rechtsbegriffe aus dem Ermessen

Den zweiten Ansatzpunkt für eine Kritik am herrschenden Dogma von der Wahlfreiheit beim Ermessen liefert die Ausgrenzung der sog. unbestimmten Rechtsbegriffe[1] aus dem Ermessen. Nach der früher herrschenden Lehre konnten unbestimmte Rechtsbegriffe „Ermessensbegriffe" darstellen mit der Folge, daß über ihre Anwendung im konkreten Fall nicht ein — objektiver — gesetzlicher Wille, sondern die subjektive Auffassung der Behörde entschied[2]. Das „kognitive Ermessen" („Urteils-", „Prüfungs-", „Subsumtions-" oder „Tatbestandsermessen") wurde nicht anders behandelt als das „volitive Ermessen" („Handlungs-" oder „Rechtsfolgeermessen")[3]. Beides war „Abgrenzung eines unbestimmten Begriffs"[4], „Bestimmung des öffentlichen Interesses aus eigener Machtvollkommenheit"[5]; auf beides trafen somit die damals vorherrschenden Definitionen vom freien Ermessen zu. Divergenzen gab es lediglich hinsichtlich der Frage, welche unbestimmten Begriffe im einzelnen dem freien Ermessen der Behörde anheimgegeben waren[6]. Hatte man anfangs noch fast jeden unbestimmten Begriff in die Kategorie der Ermessensbegriffe eingeordnet[7], so erfuhr diese im Laufe der Zeit eine zunehmende Verengung; nicht zuletzt auch in dem Bestreben, der gerichtlichen Kontrolle ein größeres Betätigungsfeld zu belassen. Überwiegend als Ermessensbegriffe *beibehalten* wurden unbestimmte Begriffe wie „öffentliches Interesse"[8], „Gemeinwohl", „Gemeine Ge-

---

[1] Zur Problematik dieser Terminologie vgl. *E. Wolf*, NJW 1961, 8 ff.

[2] Vgl. insbes. W. *Jellinek*, Gesetz, S. 36 ff.; *v. Laun*, Das freie Ermessen, S. 61 ff.
Gegen diese Lehre und für die völlige Ausklammerung der unbestimmten Rechtsbegriffe aus dem Ermessen schon damals: *Tezner*, Das freie Ermessen, S. 14. ff.; *ders.* JöR V (1911), 67 ff. (76—78).

[3] Zu diesen Termini vgl. etwa *Reuss*, DVBl. 1953, 585 ff. (586).

[4] So die Definition des freien Ermessen durch W. *Jellinek*, Gesetz, S. 36 f., 89.

[5] So die Definition des freien Ermessens durch *v. Laun*, Das freie Ermessen, S. 62.

[6] *Bühler*, Die subjektiven öffentlichen Rechte, S. 29.

[7] So insbes. *Bernatzik*, Rechtsprechung, S. 36 ff. (insbes. S. 42/43).

[8] *v. Laun*, Das freie Ermessen, S. 61 ff.; *Fleiner*, Institutionen, S. 144; *Otto Mayer*, Deutsches Verwaltungsrecht I, 3. Auflage, S. 99.

§ 5 Ermessensfreiheit und unbestimmter Rechtsbegriff

fahr", „Gefahr für die öffentliche Sicherheit und Ordnung", „Verläßlichkeit". Dagegen war z. B. beim „Bedürfnis" i. S. des ehemaligen § 33 GewO besonders umstritten, ob hier eine Frage der Rechtsanwendung oder des freien Ermessens vorliege[9].

In der Gegenwart wird die Möglichkeit der Einräumung von freiem Ermessen bei Verwendung unbestimmter Begriffe teilweise noch bejaht[10]. So rechnet *Forsthoff* die sog. Wertbegriffe (Ordnung, Sicherheit, Gemeinwohl, öffentliches Interesse) weitgehend zu den Ermessensbegriffen und stellt ihnen als voll nachprüfbare Rechtsbegriffe die rein empirischen Begriffe gegenüber[11]. Anders die Grenzziehung bei *Ekkehart Stein*[12]: er differenziert zwischen finalen Begriffen und Maßstabsbegriffen und plädiert für die Beibehaltung eines Ermessens, soweit das Gesetz sich nur der ersteren Kategorie bedient[13].

Im Gegensatz zu dieser „konservativen Richtung"[14] innerhalb der modernen Ermessenslehre hat die heute h. L. die unbestimmten Rechtsbegriffe völlig aus dem Ermessen eliminiert. Sie beschränkt das freie Ermessen im Sinne der Wahl zwischen mehreren Verhaltensmöglichkeiten auf (volitives) Handlungsermessen, welches nur auf der Rechtsfolgenseite in Form entweder des „Entschließungsermessens" oder des

---

[9] Für freies Ermessen: *Jellinek*, Gesetz, S. 132, 199; *Fleiner*, aaO. S. 144 und S. 259; *O. Mayer*, aaO. S. 133 Fußn. 7. A. A.: *v. Laun*, Das freie Ermessen, S. 104; *Bühler*, aaO. S. 32; *v. Seydel*, Bayerisches Staatsrecht Bd. 3, S. 412 f. Zur Entwicklung der Bedürfnisfrage vgl. auch *Loening*, DVBl. 1952, 197 ff. (199 f.).

[10] So in der Lehre: *Forsthoff*, Verwaltungsrecht I, S. 80 ff.; *Engisch*, Einführung, S. 111 ff.; *Lerche*, Art. Ermessen in: Staatslexikon Bd. 3, S. 12 ff. (12); ders. Übermaß, S. 326 Fußn. 34; *Klein*, AöR 82, 75 ff. (117 ff., 119); *Eyermann-Fröhler*, VwGO, § 114 Anm. 9 c—e; *Stein*, Wirtschaftsaufsicht, S. 102 ff.
Beispiele aus der Rechtsprechung: BVerwGE 1, 92 ff. (96); 4, 89 ff. (92); VGH *Freiburg*, DÖV 1953, 636 ff. (637/638) zum Begriff der „Interessen des öffentlichen Verkehrs". OVG *Münster*, NJW 1953, 160; Hess. VGH, DÖV 1957, 222 f. (222) zum Begriff des „dienstlichen Bedürfnisses" i. S. des ehemaligen § 35 DBG (heute etwa §§ 26 I BBG, 18 I BRRG). Württ.-Bad. VGH, DVBl. 1950, 475 ff. (476) zum Begriff der „Verkehrsgefährdung". BVerwGE 3, 279 ff. (283) zur „sozialen Dringlichkeit" und „volkswirtschaftlichen Förderungswürdigkeit" i. S. des § 257 LAG. Württ.-Bad VGH, DVBl. 1952, 539 zur „sittlichen Würdigkeit". Württ.-Bad. VGH, DÖV 1953, 640 f. (641) zum Begriff der „wirtschaftlichen, verkehrstechnischen, sozialen, wohnungspolitischen, gesundheitlichen und kulturellen Bedürfnisse".

[11] *Forsthoff*, aaO. S. 81; ebenso *Lerche*, Staatslexikon Bd. 3, S. 12.

[12] *Stein*, Wirtschaftsaufsicht, S. 102 ff.

[13] Dabei entnimmt *Stein*, aaO. S. 106, das Ermessen nicht dem unbestimmten „Zielbegriff" selbst, sondern leitet es aus dem Mangel kausalgesetzlicher Maßstäbe ab. Er wendet sich ausdrücklich gegen das Verständnis unbestimmter Begriffe als „Ermessensbegriffe". Gegenüber der alten Ermessenslehre ein beachtlicher terminologischer Fortschritt, der in der Sache freilich nichts ändert.

[14] *Schmatz*, Opportunitätsprinzip, S. 27.

I. Die Ausklammerung der unbestimmten Rechtsbegriffe

„Auswahlermessens" vorkommt[15]. Die Anwendung unbestimmter Rechtsbegriffe ist dagegen nach der h. L. niemals Wahl zwischen mehreren Verhaltensweisen, sondern Rechtsanwendung[16]. Als solche unterliegt sie den Prinzipien „der einen und nur einen richtigen Entscheidung"[17] wie auch der völligen normativen Fremdbestimmtheit des Handelns[18]. Damit soll nun aber nach überwiegender Ansicht die Annahme eines gerichtlich nicht überprüfbaren „Beurteilungsspielraums" der Behörde durchaus zu vereinbaren sein[19]. Insoweit greift die h. L. auf eine Kon-

---

[15] *Reuss*, DÖV 1954, 55 ff. (55), 535 ff. (536/537); *Bachof*, JZ 1955, 97 ff. (98); *Jesch*,, AöR 82, 163 ff. (204 f.); *Menger*, VerwArch 51 (1960), 64 ff. (70); *Kellner*, DÖV 1962, 572 ff. (574); ders. NJW 1966, 857 ff. (861/862); *Obermayer*, NJW 1963, 1177 ff. (1177); *Stern*, Ermessen, S. 20/21; *Mayer*, Opportunitätsprinzip, S. 16; *Wolff*, Verwaltungsrecht I, § 31 II a (S. 169); ferner die umfangreichen Nachweise bei *Ossenbühl*, Verwaltungsvorschriften, S. 317 Fußn. 154.

[16] *Reuss*, DVBl. 1953, 585 ff. (587); *Stern*, Ermessen, S. 19.

[17] Vgl. vor allem *Schmidt-Salzer*, Beurteilungsspielraum, S. 16, 43; ders. VerwArch 60 (1969), 261 ff. (274); ders. DVBl. 1970, 184 ff. (184). Ferner: *Reuss*, DVBl. 1953, 585 ff. (586); *Dürig*, JZ 1953, 535 ff. (536); *Korbmacher*, DÖV 1965, 696 ff. (698); *Ossenbühl*, Verwaltungsvorschriften, S. 331; BVerwGE 12, 359 ff. (363); 20, 219 ff. (224); 21, 184 ff. (186); 35, 69 ff. (73); OVG NW, VerwRspr. 2 Nr. 114 (S. 484); OVG Berlin, DVBl. 1952, 770 f. (771). Generell gegen das Prinzip der einen und nur einen richtigen Entscheidung: *Walter Schmidt*, Gesetzesvollziehung durch Rechtsetzung, S. 134 f.; ders. JuS 1971, 184 ff. (188).

[18] *Ossenbühl*, Verwaltungsvorschriften, S. 333 mit weiteren Nachweisen in Fußn. 234.

[19] Grundlegend: *Ule*, Gedächtnisschrift f. Jellinek, 309 ff.; ders. Verwaltungsprozeßrecht, § 2 I 3 (S. 6 ff.); *Bachof*, JZ 1955, 97 ff. (98 f.); *Jesch*, AöR 82, 163 ff. (230 ff.); *Wolff*, Verwaltungsrecht I, § 31 I c (S. 164 ff.). Ferner: *Mayer*, DÖV 1954, 368 ff.; *Jarosch*, DVBl. 1954, 521 ff.; *Ossenbühl*, Verwaltungsvorschriften, S. 328 ff.
Gegen die Figur des Beurteilungsspielraums und für volle gerichtliche Überprüfbarkeit unbestimmter Rechtsbegriffe: *Reuss*, DVBl. 1953, 585 ff. (589), 649 ff. (650 ff.); ders. DÖV 1954, 55 ff.; ders. DVBl. 1959, 265 ff. (268); *Fuß*, Festschrift für Schack, 11 ff. (22 ff.); *Czermak*, NJW 1961, 1905; ders. DÖV 1962, 921 ff. (923); ders. JZ 1963, 276 ff. (277 f.); ders. JuS 1968, 399 ff.; *Schmidt-Salzer*, Beurteilungsspielraum, insbes. S. 90 ff. In der Rspr. des BVerwG bestand lange Zeit die Tendenz zum Abbau des Beurteilungsspielraums. Sein Anwendungsbereich wurde beschränkt auf „höchstpersönliche oder persönlichkeitsbedingte Werturteile" (Prüfungsentscheidungen, dienstliche Beurteilungen). Vgl. BVerwG 23, 112 ff. (114), 194 ff. (200 f.); 24, 60 ff. (64); 26, 65 ff. (74 f.); 29, 279 ff. (280); 35, 69 ff. (72 ff.). Diese Entwicklung wurde in der Lehre von zahlreichen Autoren begrüßt; vgl. z. B.: *Kellner*, DÖV 1962, 572 ff .(576 ff.); ders. NJW 1966, 857 ff. (858 ff.); *Jaeger*, DÖV 1966, 779 ff.; *Schmidt-Salzer*, DVBl. 1970, 184 ff. In seinem Urteil vom 16. 12. 1971 ist der I. Senat des BVerwG von der bisherigen Linie wieder abgewichen (BVerwG, JZ 1972, 204 ff.). Hatte der V. Senat noch judiziert, daß die Eignung zur sittlichen Gefährdung der Jugend i. S. des § 1 I 2 GjS einen voll überprüfbaren unbestimmten Rechtsbegriff enthalte (BVerwGE 23, 112 ff. [114] und 28, 223 ff. [224]), so erkannte nunmehr der I. Senat dahin, daß bei der Anwendung dieses Begriffs ein Beurteilungsspielraum bestehe. Das Urteil ist von *Bachof* (Urt. Anm. in JZ 1972, 208 ff.) mit Beifall aufgenommen, von *Schmidt-Salzer* hingegen (Urt. Anm. in DVBl. 1972, 391 f.) scharf kritisiert worden.

struktion zurück, die bereits früher unter dem Stichwort „gebundenes Ermessen" für die vom freien Ermessen ausgenommenen unbestimmten Rechtsbegriffe entwickelt worden war[20]. Kriterien und dogmatische Fundierung des Beurteilungsspielraums sind im übrigen heiß umstritten[21].

II. Der Grund für die Ausklammerung der unbestimmten Rechtsbegriffe aus dem Ermessen und die dadurch entstehende Problematik

Was ist der Grund für den eben beschriebenen Vorgang der allmählichen Herauslösung der unbestimmten Rechtsbegriffe aus der Ermessenskategorie? Kein Zweifel: letztlich ausschlaggebend war jene von *Tezner* schon damals propagierte und uns heute mehr als banal erscheinende Einsicht, daß „unbestimmt" i. S. subjektiver Mehrdeutigkeit fast alle Rechtsbegriffe sind[22]. Mit Ausnahme vielleicht exakter Zahlenangaben umgibt so gut wie jeden Gesetzesbegriff ein „Hof von Unbestimmtheit"[23]. Wie sonst auch ließe die Existenz streitentscheidender Gerichte sich erklären und rechtfertigen? Wenn also die gesetzlich rezipierten, normativen Begriffe hinsichtlich ihrer Bestimmtheit nur quantitativ unterschieden sind[24], so besteht kein Anlaß, sie im Rahmen der Rechtsfindungsaufgabe qualitativ unterschiedlich zu behandeln und das Prinzip der nur einen richtigen Entscheidung auf einen — mit rationalen Kriterien ohnehin nicht bestimmbaren — Teil dieser Begriffe zu beschränken.

Freilich darf man nicht auf halbem Wege stehenbleiben. Ist mit der h. L. die Anwendung unbestimmter Rechtsbegriffe deshalb Rechtsanwendung, weil ein wesensmäßiger Unterschied zu den sog. bestimm-

---

[20] Vgl. *v. Laun*, Das freie Ermessen, S. 50. Die heutige Lehre verschmäht den — noch von *Bachof*, SJZ 1948, 742 ff. (743 f.) und *Nebinger*, Verwaltungsrecht Allg. Teil, S. 228 ff. verwendeten — Ausdruck „Gebundenes Ermessen", weil in den davon erfaßten Fällen ein Ermessen i. S. von Wahlfreiheit gerade nicht eingeräumt sein soll; vgl. *Wolff*, Verwaltungsrecht I, § 31 II b a. E. (S. 171); *Loening*, DVBl. 1952, 197 ff., 235 ff. (237); *Stern*, Ermessen, S. 19.

[21] Zutreffen dürfte in der Tat das unverhohlene (!) Eingeständnis *Ossenbühls*, daß es Kriterien für die Annahme eines „Beurteilungsspielraums" nicht gibt; vgl. Verwaltungsvorschriften, S. 335.

[22] *Tezner*, Das freie Ermessen, S. 18; ders. in Grünhut Bd. 19, 327 ff. (335). Aus der modernen Lehre: *Schmidt-Salzer*, Beurteilungsspielraum, S. 15 f.; *Göldner*, Verfassungsprinzip, S. 39; *Bachof*, Urteilsanmerkung in DVBl. 1957, 788 ff. (789); ders. Urteilsanmerkung in JZ 1958, 290 f.

[23] *v. Hippel*, Untersuchungen, S. 64.

[24] *Reuss*, DÖV 1954, 55 ff. (56); *Bachof*, DVBl. 1957, 788 ff. (789); *Schmidt-Salzer*, Beurteilungsspielraum, S. 16 mit Nachweisen; *Geitmann*, Bundesverfassungsgericht und „offene" Normen, S. 57.

II. Grund der Ausklammerung und Konsequenzen

ten Rechtsbegriffen nicht besteht, so fragt sich als nächstes, wodurch dann noch die Beibehaltung des Gegensatzes zwischen „Handlungsermessen" auf der Rechtsfolgenseite und dem Bereich der Rechtsanwendung gerechtfertigt ist. Es müßte schon seinerseits ein qualitativer Unterschied zwischen der Anwendung unbestimmter Rechtsbegriffe und der Ermessensausübung bestehen, sollte diese Ungleichbehandlung Bestand haben.

Damit ist ein weiteres grundlegendes Problem der Ermessenslehre aufgeworfen, dessen Bedeutung und Tragweite vielfach verkannt wird. Anders läßt sich nicht erklären, daß selbst Autoren, die eindeutig auf dem Boden des herrschenden Dogmas von der Wahlfreiheit beim Ermessen stehen, den Unterschied zwischen „gebundenem Gesetzesvollzug" und damit auch der Anwendung unbestimmter Rechtsbegriffe einer- und Ermessensausübung andererseits lediglich in der *Quantität* gesetzlicher Bindung erblicken[25]. Diese Konstellation ist widersprüchlich, denn mit dem jeglicher Rechtsanwendung immanenten Prinzip der einen und nur einen richtigen Entscheidung verträgt sich das für das Ermessen als letztlich essentiell behauptete Prinzip *mehrerer* richtiger Entscheidungen durchaus nicht. Die herrschende Lehre beruht gerade auf der These vom *qualitativen* Gegensatz von gesetzlicher Gebundenheit und Ermessensausübung[26]. Ein lediglich quantitativer Unterschied bei gleichzeitiger Aufrechterhaltung eines in eigener Rechtsetzung sich manifestierenden Freiheitsspielraums könnte nur dann angenommen werden, wenn ein solcher Freiheitsspielraum prinzipiell jeglicher Rechtsanwendung eignen würde; das aber läßt sich nur vom Standpunkt der *Wiener Schule*[27] wie auch der neuerdings aufgekommenen „Konkretisierungstheorien"[28] vertreten. Hält man sich dahingegen an die noch vorherrschende Konzeption von der einen und nur einen richtigen Entscheidung bei der Rechtsanwendung, so würde der Nachweis

---

[25] So z. B. *Müller*, DÖV 1969, 119 ff. (122); *Badura*, DÖV 1968, 446 ff. (452 f.).
[26] So zutreffend *Ossenbühl*, Verwaltungsvorschriften, S. 321/322; ders. DÖV 1970, 84 ff. (89) Fußn. 51; *Schmidt-Salzer*, Beurteilungsspielraum, S. 18.
[27] Vgl. daher auch *Kelsen*, Hauptprobleme der Staatsrechtslehre, S. 507; *Merkl*, Allgemeines Verwaltungsrecht, S. 142 ff.
[28] Von daher nehmen konsequent einen nur graduellen Unterschied zwischen Ermessen und gebundenem Gesetzesvollzug (insbes. der Anwendung unbestimmter Rechtsbegriffe) an: *Ehmke*, Ermessen und unbestimmter Rechtsbegriff, S. 45; *Häberle*, Öffentliches Interesse, S. 620 unten; 625 Fußn. 48; 692, 693 („Die Unterschiede liegen in der Nuance"); *Meder*, Das Prinzip der Rechtmäßigkeitsvermutung, S. 46; ders. DVBl. 1970, 857 f. (858). Vgl. auch *Walter Schmidt*, Gesetzesvollziehung durch Rechtsetzung, S. 123 ff., der mit „Auslegungsvorbehalten" zugunsten der vollziehenden Gewalt arbeitet und ihr in diesem Rahmen bei jeglicher Auslegung eine gewisse Freiheit zugesteht. *Häberle*, Öffentliches Interesse, S. 698, spricht ähnlich von einem „Vorbehalt der Verwaltung in Gestalt des Vorbehalts öffentlicher Interessen".

eines allenfalls quantitativen Unterschieds zwischen Ermessensausübung und „gebundenem Gesetzesvollzug" gerade das Ende des herrschenden Dogmas von der Wahlfreiheit bedeuten. Dieser Nachweis soll nun an Hand einer Gegenüberstellung von unbestimmtem Rechtsbegriff und Ermessen versucht werden.

III. Vergleich von Ermessen und unbestimmtem Rechtsbegriff

Zunächst interessiert, ob und inwieweit die tatsächliche Behandlung durch Gesetzgeber und rechtsanwendende Organe sachliche Unterschiede zwischen unbestimmtem Rechtsbegriff und Ermessen erkennen läßt. Letzten Aufschluß wird sodann die anschließende Strukturanalyse erbringen.

1. In den älteren Definitionen des Ermessens zeigt sich eine starke Affinität zum unbestimmten Rechtsbegriff. So führt die *Jellineksche* Formel jedes Handeln nach freiem Ermessen „auf einen gesetzlichen Befehl mit unbestimmtem Begriff" zurück[29]. Und nach *v. Laun* ist es der unbestimmte Begriff des „öffentlichen Interesses", den die Behörde bei Ausübung des Ermessens selbständig konkretisiert[30].

Diese und ähnliche Begriffsbestimmungen haben an Aktualität nichts eingebüßt. Im Gegenteil: die Auflösung des Ermessens in den unbestimmten Begriff finden wir neuerdings wieder vertreten bei *Häberle*, der in jeder Ermessensnorm eine „versteckte Verweisung auf öffentliche Interessen" sieht[31]. Geändert hat sich in der Zwischenzeit nur das Verständnis des Begriffs des öffentlichen Interesses; die Möglichkeit seiner Normativität wird heute überwiegend anerkannt[32]. Das aber

---

[29] *Jellinek*, Gesetz, S. 36. Ähnlich die Gleichsetzung von Ermessen und unbestimmtem Rechtsbegriff bei *Pietzonka*, NJW 1954, 1865 ff. (1866).

[30] *v. Laun*, Das freie Ermessen, S. 62. Vgl. auch *Otto Mayer*, Deutsches Verwaltungsrecht I, 3. Auflage, S. 99.

[31] *Häberle*, Öffentliches Interesse, S. 195, 227. Der „einfache Ermessenstatbestand" ist hiernach nichts anderes als ein „versteckter Gemeinwohltypus" (aaO. S. 636). Vgl. auch auf S. 692: „Es steht das e i n h e i t l i c h e Problem ‚öffentlichen Interesse' in Frage."
Wenn Häberle desungeachtet an späterer Stelle (aaO. S. 696) den Ermessensbereich nicht per se zum unbestimmten Rechtsbegriff *im üblichen Verständnis* (!) abstempeln will, so nur deshalb, um den — von seinem Ausgangspunkt falschen — Eindruck zu vermeiden, Ermessensausübung reduziere sich auf Gesetzesanwendung im herkömmlichen Sinne.

[32] Vgl. *Häberle*, Öffentliches Interesse, S. 204. Zur Bedeutung des tatbestandlich verwendeten öffentlichen Interesses als unbestimmtem Rechtsbegriffs vgl.: *Dürig*, JZ 1953, 535 ff. (536 f.); *Kellner*, NJW 1966, 857 ff. (857) Fußn. 2. Aus der Rechtsprechung: BVerwGE 4, 305 ff. (307) zum Begriff des „öffentlichen Interesses" i. S. des § 2 I 4 GastG 1930; BVerwGE 18, 247 ff. (250 f.) zum Begriff der „öffentlichen Belange" i. S. des § 35 II BBauG; OVG

III. Vergleich von Ermessen und unbestimmtem Rechtsbegriff

hindert nicht, nach wie vor in der Ermessensausübung eine Konkretisierung bestimmter öffentlicher Interessen oder anderer gemeinwohlbezogener unbestimmter Rechtsbegriffe zu sehen.

Der definitorischen Gleichsetzung entspricht es, daß die Motivation des Gesetzgebers bei Verwendung unbestimmter Rechtsbegriffe nicht anders beschaffen ist als beim Erlaß von Ermessensnormen. In beiden Fällen geht es darum, der Verwaltung die Anpassung an den Einzelfall zu ermöglichen und sie nicht auf starre Details festzulegen[33]. Ob der Gesetzgeber dieses berechtigte Anliegen mit Hilfe unbestimmter Begriffe oder durch alternativische Formulierung der Rechtsfolge verwirklicht, ist eine Frage des Geschmacks und der praktikablen Gesetzestechnik. Theoretisch ist es immer möglich, Begriffe der Tatbestandsseite durch „Ermessensanweisung" — also etwa durch die Formulierung als Kann-Bestimmung — in die Rechtsfolgenseite einzubauen und umgekehrt[34].

Die beliebige gesetzestechnische Vertauschbarkeit von Ermessen und unbestimmtem Rechtsbegriff hat auch für die Rechtsanwendung Konsequenzen, wirkt sich aus bei der Interpretation der sog. Koppelungstatbestände. Hier ist mit einem unbestimmten Begriff auf der Tatbestandsseite gleichzeitig eine Ermessenskompetenz gepaart. Besonders häufig findet sich dieser Tatbestandstypus bei den Ausnahme- und Dispensbestimmungen[35], ferner bei den Erlaubnistatbeständen[36]. Die Frage ist, ob solche Koppelungen Sinn haben. Auf Grund eben der funktionellen Gleichheit von Ermessen und unbestimmtem Rechtsbegriff kommt es hinsichtlich der jeweils anzustellenden Erwägungen zu Überschneidungen, ja zu völliger Deckung. Es wäre jedoch müßig und darüber hinaus

---

Münster, DÖV 1955, 345 f. und *BVerfGE* 11, 168 ff. (192) zum Begriff der „Interessen des öffentlichen Verkehrs" i. S. des § 9 I PBefG 1934 (§ 13 II Ziff. 2 PBefG 1961); *OVG Hamburg*, VerwRspr. 5 Nr. 182 (S. 861) zum Begriff des „erheblichen öffentlichen Interesses" i. S. des § 6 Nr. 3 Wohnsiedlungsgesetz.

[33] In diesem Sinne zur Verwendung unbestimmter Rechtsbegriffe: *Jesch*, AöR 82, 163 ff. (240); *Schmidt-Salzer*, Beurteilungsspielraum, S. 19. Aus der Rspr.: BVerfGE 3, 225 ff. (243); 13, 153 ff. (162). Zum Ermessen vgl. oben § 1 bei Fußn. 2 und die dort geführten Nachweise.

[34] *Lerche*, Staatslexikon, S. 12; *Engisch*, Einführung, S. 117 mit Beispielen. Die gegenteilige Ansicht von *Schmidt-Salzer* in VerwArch 60 (1969), 261 ff. (274) überzeugt nicht. Auch in dem von ihm gewählten Beispiel des § 10 AuslG lassen sich die relevanten Ermessenserwägungen voll und ganz in unbestimmte Rechtsbegriffe auflösen. Die Technik unbestimmter Rechtsbegriffe wäre hier nur umständlich und mühsam. Es sind allein die Gesichtspunkte des Stils und der Präzision, die darüber entscheiden, welcher rechtstechnischen Form „offener" Normsetzung der Gesetzgeber den Vorzug gibt.

[35] Vgl. etwa: §§ 31 II BBauG; 9 VIII BFernStrG; 7 IV, 86 II LBO NW; 53 II RGaO; 105 b II 2 GewO.

[36] z. B. §§ 35 II BBauG; 57 IV GewO.

als Verstoß gegen die Rechtslogik unzulässig, die gleichen Überlegungen zweimal — erst auf der Tatbestandsseite, sodann auf der Rechtsfolgenseite — anzustellen[37]. Folgerichtig behandelt die Rechtsprechung jene „Mischtatbestände" bei völliger Übereinstimmung der maßgeblichen Gesichtspunkte als „zwingende" Bestimmungen. Zur Mußvorschrift „umfunktioniert" wurde auf diese Weise der § 35 II BBauG, der die Zulassung nicht bevorrechtigter Bauvorhaben im Außenbereich davon abhängig macht, daß die — in § 35 III BBauG näher bestimmten — *öffentlichen Belange* gewahrt bleiben[38]. Das gleiche Schicksal widerfuhr dem § 31 II BBauG (Dispens von den Festsetzungen des Bebauungsplanes)[39] und dem § 9 VIII BFStrG (Ausnahmen von Bauvorhaben an Bundesfernstraßen)[40]; auch hier erfassen die tatbestandlich aufgeführten unbestimmten Begriffe der „offenbar nicht beabsichtigten Härte", der „öffentlichen Belange" und des „Wohls der Allgemeinheit" sämtliche für eine Ermessensausübung relevanten Gesichtspunkte[41]. Die Tendenz zur völligen Vereinnahmung des Ermessens durch den unbestimmten Rechtsbegriff besteht schließlich bei den „versteckt gemeinwohlbezogenen"[42] Begriffen „Wichtiger Grund", „Erhebliche Härte" und „Unbilligkeit", wie sie uns in den §§ 3 NamÄndG[43], 127 I und 131 I AO[44] begegnen. Verantwortlich für diese Entwicklung ist im Grunde die Hinwendung zu objektiv finaler Determinierung des Ermessens durch den Gesetzeszweck und damit die Beschränkung auf jene engere gesetzeszweckmäßige Zweckmäßigkeit. Besonders deutlich wird das bei den

---

[37] Vgl. *BVerwGE* 15, 208 ff. (211) und *BVerwG*, VerwRspr. 20 Nr. 157 (S. 560/561) zu §§ 1, 3 NamÄndG; *BVerwGE* 18, 247 ff. (251) zu § 35 II BBauG. Aus der Lehre: *Gierth*, BaWüVBl. 1965, 129 ff.; *Klein*, DÖV 1964, 658 ff. (658).

[38] *BVerwGE* 18, 247 ff. (250 f.).

[39] *OVG Münster*, NJW 1966, 1833 f. (1834); *OVG Münster*, VerwRspr. 19 Nr. 85 (S. 328).

[40] So in der Sache bereits: *OVG Lüneburg*, VerwRspr. 12 Nr. 6 (S. 27 ff.); vgl. *Friauf*, Jus 1962, 422 ff. (427). Ausdrücklich: *VG Hannover*, DVBl. 1969, 216 ff. (217). Zur ähnlich gelagerten Problematik bei der Freistellung vom Anschluß- und Benutzungszwang in der gemeindlichen Müllabfuhr vgl. *Schuegraf*, BayVBl. 1966, 416 f. und *BayVerfGH*, VerwRspr. 19 Nr. 157 (S. 612 f.).

[41] Hins. des § 31 II 1 2. Alternative BBauG a. A.: *Gierth*, Urteilsanmerkung, NJW 1966, 2424 f.

[42] Vgl. *Häberle*, Öffentliches Interesse, S. 154—156 und insbes. S. 605.

[43] Einen *Anspruch* auf Namenänderung gem. §§ 1, 3 NamÄndG bei Vorliegen eines wichtigen Grundes billigt daher das *OVG Berlin*, DÖV 1959, 869 ff. (869) zu. In dieser Richtung auch das *BVerwG* in *BVerwGE* 15, 208 ff. (211) und VerwRspr. 20 Nr. 157 (S. 560 f.), wenngleich hier die Frage mangels Entscheidungserheblichkeit letztlich offen gelassen wurde. A. A. dagegen: *Bad.-Württ. VGH*, DÖV 1959, 871 f.; *OVG Münster*, VerwRspr. 5 Nr. 22 (S. 116 f.) und OVGE 18, 98 ff. (102); *BayVGH*, VerwRspr. 8 Nr. 101 (S. 419).

[44] Dazu *Tipke-Kruse*, RAO Bd. I, § 127 Anm. 17 und § 131 Anm. 30 mit weiteren Nachweisen.

III. Vergleich von Ermessen und unbestimmtem Rechtsbegriff

Dispensvorschriften und ihrem charakteristischen dreifachen Vorbehalt (Härteklausel, engere Gemeinwohlklausel, weitere Gemeinwohlklausel) — hier ist es die *Einheit* von Regelvorschrift und Ausnahmevorschrift, die selbst das „Dispensationsermessen" unter die Glocke des Gesetzes zwingt und für autonome Determinanten (verwaltungsmäßige Zweckmäßigkeit) keinen Raum läßt[45]. Wer dagegen dem Nebeneinander von unbestimmtem Rechtsbegriff und Ermessenskompetenz noch echte Bedeutung beimißt, läßt sich oft genug durch die — überlieferter Denkweise entspringende — Vorstellung bestimmen, daß schließlich gerade durch das Ermessen dem Bedürfnis nach autonomer, verwaltungsmäßiger Zweckmäßigkeit Rechnung getragen werden solle, einer Zweckmäßigkeit also, die naturgemäß nicht schon in den tatbestandlich verwendeten unbestimmten Rechtsbegriffen enthalten ist[46]. Eine weitere Möglichkeit zur Beibehaltung eigenständiger Ermessenskompetenzen in den sog. Mischtatbeständen wäre daneben die Deutung der unbestimmten Begriffe als echte Ermessensbegriffe oder „gesetzliche Ermessensdirektiven". Auch dieser Weg wird gerne gegangen[47], und es bedarf wohl nicht eigens der Erwähnung, daß damit die als letzter rechtsstaatlicher Schrei gepriesene Ausklammerung der unbestimmten Rechtsbegriffe aus dem Ermessen wieder rückgängig gemacht wird[48]. Man sieht also, auf welchen Motiven oft die buchstabengetreue Interpretation der Koppelungstatbestände beruht. Sicherlich decken sich nicht immer unbestimmter Rechtsbegriff und gekoppeltes Ermessen zur Gänze, und es können der Ermessensausübung durchaus noch Aspekte zugewiesen sein, die nicht schon durch unbestimmte Begriffe auf der Tatbestandsseite „verbraucht" sind. Dies allerdings ist um so weniger wahrscheinlich, je „offener" und „unbestimmter" die ausdrücklich

---

[45] Vgl. *Hoppe*, DVBl. 1969, 340 ff. (344) und im übrigen die früheren Ausführungen unter § 4 III 4 bei Fußn. 101 (S. 66).

[46] Dabei ist zu bedenken, daß auch der weitestgefaßte gemeinwohlbezogene unbestimmte Rechtsbegriff (etwa „öffentliche Belange", „öffentliches Interesse") bei verfassungskonformer Interpretation (Bestimmtheitsgrundsatz!) nicht *alle* denkbaren Erwägungen des Gemeinwohls impliziert; eine Bezugnahme auf schlechthin alle öffentlichen Interessen („das" öffentliche Interesse) ist von Verfassungs wegen nicht möglich. Dies gilt auch bei den sog. „Außenverweisungen" (zum Begriff vgl. oben § 4 bei Fußn. 137) und wird von *Ossenbühl*, DÖV 1968, 618 ff. (622) und DÖV 1970, 84 ff. (87) nicht hinreichend berücksichtigt.

[47] So etwa: *BayVGH*, VerwRspr. 8 Nr. 101 (S. 419) zum Begriff des wichtigen Grundes in § 3 NamÄndG; ferner *Ossenbühl*, DÖV 1968, 618 ff. (626) und DÖV 1970, 84 ff. (87): „öffentliche Belange" und „Gemeinwohl" lediglich als „Ermessensdirektiven". Ähnlich zum Begriff der „Unbilligkeit" in § 131 I AO: Beschluß des *Gemeinsamen Senats der Obersten Gerichtshöfe des Bundes* vom 19. 10. 1971, BB 1972, 781 ff. mit Anm. *Grimm*.

[48] Vgl. *Kellner*, DÖV 1969, 309 ff. (312), der *Ossenbühl* vorwirft, „das Rad der Entwicklung zurückdrehen" zu wollen.

normierten Begriffe gehalten sind[49]. Im übrigen aber genügt auch die nur teilweise Überschneidung beider Kategorien, um nachzuweisen, was hier nachzuweisen war: die beliebige Vertauschbarkeit von Ermessen und unbestimmtem Rechtsbegriff und die daraus resultiernden Folgen für die Gesetzesanwendung. Daß als weitere Konsequenz die richterliche Technik bei Konkretisierung eines unbestimmten Rechtsbegriffs sich von der „Ermessenskontrolle" nicht eigentlich unterscheidet, nimmt nicht weiter wunder. Hier wie dort forschen die Gerichte nach Verfahrensmängeln und Motivationsfehlern, die der Behörde unterlaufen sein könnten; hier wie dort untersuchen sie, ob der Sachverhalt zutreffend gewürdigt und die verschiedenen Interessen sorgfältig und vollständig erwogen wurden[50]. Dem entspricht die Ausdehnung des bei Ermessensakten überwiegend anerkannten Begründungszwangs auf die in Anwendung unbestimmter Rechtsbegriffe ergehenden Verwaltungsakte[51]. Daß schließlich der Behörde auch in diesem Bereich in Gestalt des sog. Beurteilungsspielraums ein gerichts- und kontrollfreier Raum eingeräumt sein soll[52], vervollständigt das Bild völliger Identität beider Kategorien. Anfangs gab das *BVerwG* selbst noch ungeschminkt zu, daß es im Ergebnis keinen Unterschied ausmache, ob von Ermessensfreiheit oder von behördlichem Beurteilungsspielraum gesprochen werde; eine dahingehende Differenzierung verlohne sich also nicht

---

[49] Die in der Rspr. unternommenen Versuche, auch bei solchen sehr offenen Begriffen durch *Differenzierung* der verschiedenen relevanten Belange doch noch zu einer sinnvollen „Arbeitsteilung" zwischen Rechtsbegriff und Ermessen zu gelangen, muten nicht selten reichlich willkürlich an. Man denke nur an den Begriff des wichtigen Grundes in § 3 NamÄndG. Im zweifelhaften Bestreben, auf keinen Fall einen generellen Anspruch auf Namensänderung bei Vorliegen eines wichtigen Grundes gewähren zu müssen, differenzierte der bad.-württ. VGH (DÖV 1959, 871 f.) nach den „Umständen des Antragstellers" und den „Interessen der Allgemeinheit"; auf erstere beschränke sich der Rechtsbegriff, letztere hingegen seien dem Ermessensbereich vorbehalten. Das *OVG Münster* (VerwRspr. 5 Nr. 22) glaubte andererseits, Gesichtspunkte des öffentlichen Wohls, die *für* eine Namensänderung sprechen, von solchen scheiden zu sollen, die dem Antrag *entgegen*stehen; diese unterwarf es beschränkter „Ermessenskontrolle", jene uneingeschränkter „Rechtskontrolle" (vgl. dazu auch *Häberle*, Öffentliches Interesse, S. 607 f.). Hier entsteht nun wirklich der Eindruck, als werde die Einordnung irgendwelcher Gesichtspunkte als zum Tatbestand oder zur Rechtsfolgenseite gehörig von Lust und Laune abhängig gemacht. Es zeigt sich hieran sehr eindrucksvoll, welche Unsicherheit und welche Willkür durch die Versuche „kooperativer Arbeitsteilung" zwischen Rechtsprechung und Verwaltung in die Rechtsanwendung hineingetragen werden.

[50] Vgl. *Häberle*, Öffentliches Interesse, S. 626, 691 f.

[51] Vgl. *Schick*, JuS 1971, 1 ff. (5) bei Fußn. 37. Nach *Kellner*, NJW 1966, 857 ff. (861), sollen bei der Subsumtion unbestimmter Rechtsbegriffe die Anforderungen an den Begründungszwang u. U. noch strenger sein als bei Ermessensentscheidungen.

[52] Vgl. oben § 5 I bei Fußn. 19.

III. Vergleich von Ermessen und unbestimmtem Rechtsbegriff

ganz[53]. Diese Beobachtung liefert natürlich vor allem der „konservativen Richtung" innerhalb der Ermessenslehre Argumente für die Beibehaltung unbestimmter Rechtsbegriffe als Ermessensbegriffe[54]. Die h. L. legt daher Wert auf die Feststellung, daß — ungeachtet der Gleichbehandlung im praktischen Ergebnis — zwischen Beurteilungsspielraum und Ermessensfreiheit doch strukturelle Unterschiede bestünden, die es nicht zuließen, dogmatisch beides in den gleichen Topf zu werfen[55].

2. Wie immer die Reichweite des Beurteilungsspielraums abgesteckt werden mag — von einem echten Dualismus zwischen Ermessen und unbestimmtem Rechtsbegriff im praktischen Ergebnis kann so oder so keine Rede sein. Dies gilt für die Gesetzgebungswirklichkeit wie für die Rechtsprechungswirklichkeit. Es kommt somit in der Tat auf die von der h. L. behaupteten strukturellen Unterschiede an; denn nur die Existenz solcher Unterschiede vermag jetzt noch die These vom qualitativen Gegensatz von Ermessen und unbestimmtem Rechtsbegriff zu rechtfertigen.

a) Ein in diesem Zusammenhang von der h. L. gern herangezogenes Argument betrifft den Gegensatz zwischen „kognitiven" und „volitiven" Akten. Einen Akt der Erkenntnis (eine „Wissensentscheidung") stelle die Anwendung eines unbestimmten Rechtsbegriffs dar; die Ausübung von Ermessen dagegen gehöre der Kategorie der „Willensentscheidungen" an[56].

Zutreffend hat man gegen diese These eingewandt, daß volitive und kognitive Elemente der „Rechtsanwendung" wie der „Ermessensausübung" gleichermaßen eignen[57]. Insbesondere ist auch Ermessensausübung Erkenntnis, da dem Willensentschluß notwendig die Orientierung an irgendwelchen Maßstäben vorausgeht[58]. Das handelnde Verwaltungs-

---

[53] *BVerwGE* 4, 89 ff. (92); 8, 272 ff. (275); 9, 284 ff. (288); *BVerwG*, Verw-Rspr. 13 Nr. 128 (S. 422).

[54] Vgl. etwa die Argumentation bei *Klein*, AöR 82, 75 ff. (105 f.) und *Eyermann-Fröhler*, VwGO, § 114 Anm. 9 d.

[55] So immer wieder *Schmidt-Salzer*: Beurteilungsspielraum, S. 18; Verw-Arch 60 (1969), 261 ff. (274); DVBl. 1970, 184 ff. (184).

[56] So insbes. *Reuss*, DVBl. 1953, 585 ff. (587), 649 ff. (652); *ders.* DÖV 1954, 55 ff. (55, 56); *Bachof*, JZ 1955, 97 ff. (98); *Idel*, NJW 1955, 733 ff. (734); *OVG Münster*, ZBR 1954, 182 ff. (184).

[57] So: *R. Klein*, AöR 82, 75 ff. (100 f. und Fußn. 56); *Jesch*, AöR 82, 163 ff. (233 f.); *Pietzonka*, NJW 1954, 1865 ff. (1866); *Ehmke*, Ermessen, S. 24; *Stein*, Wirtschaftsaufsicht, S. 105. In diesem Sinne hat später auch *Bachof* seine noch in JZ 1955, 97 ff. (98) vertretene anderslautende These revidiert; vgl. Urteilsanmerkung in DVBl. 1957, 788 ff. (790).

[58] Vgl. *R. Klein*, aaO. S. 100 f. Fußn. 56; *Stein*, aaO. S. 105 („Feststellung dessen, was der Verwirklichung des aufgegebenen Zwecks am besten dient, ist E r k e n n t n i s a k t "). Ebenso bezeichnet *Obermayer*, NJW 1963, 1177 ff. (1181) die Abwägung der verschiedenen Gründe bei der Ermessensausübung als Erkenntnisakt.

subjekt ist — wie die h. L. selbst meint — zumindest im *Innenverhältnis* verpflichtet, die beste Lösung zu finden[59]; wie aber soll es das können, wenn nicht durch Erkennen der besten („richtigen") Lösung[60]? Damit deckt sich die neuerdings wieder vertretene These, daß auch das Ermessen im Grunde eine Frage des unbestimmten Tatbestandes ist[61]. Der Tatbestand muß — nicht anders als bei unbestimmten Rechtsbegriffen — durch Bildung konkreter Maßstabskriterien *aus* allgemeineren Maßstäben „zubereitet" werden[62]. Das in solcher „Konkretisierung" sich äußernde volitive Element ist hier wie dort vertreten.

Damit steht zugleich fest, daß auch dem Gegensatz von Tatbestands- und Rechtsfolgenseite ein struktureller und damit qualitativer Unterschied zwischen Ermessen und unbestimmtem Rechtsbegriff nicht entnommen werden kann. Entscheidend ist vielmehr, wie diejenigen allgemeinen Maßstäbe beschaffen sind, aus denen es — bei Ermessen wie unbestimmtem Rechtsbegriff — durch „Konkretisierung" den Tatbestand zuzubereiten und unmittelbare Handlungsmaximen zu gewinnen gilt.

b) Hier liegt nun das eigentliche Problem. *Jesch* hat behauptet, daß jene Maßstäbe beim unbestimmten Rechtsbegriff durch ausdrückliche gesetzliche Normativierung verrechtlicht seien; beim Ermessen hingegen finde diese „Rezeption metajuristischer Maßstäbe" nicht statt[63]. Dieses Argument klingt auf den ersten Blick recht plausibel. Und doch bietet es bei näherem Zusehen Angriffsflächen, die es zu Fall bringen:

Zur Verrechtlichung irgendwelcher Maßstäbe bedarf es nicht notwendig *ausdrücklicher* Verknüpfung durch *geschriebene* Tatbestandsmerkmale. Wie sonst wäre die Wendung vom „(rechts-)pflichtgemäßen" Ermessen noch verständlich? Wie sonst sollte es den Gerichten möglich sein, i. S. der h. L. die Beachtung der „inneren Ermessensschranken" rechtlich nachzuprüfen, obwohl sie im Gesetz an keiner Stelle ausdrücklich genannt sind? Es entfaltet also auch Ungeschriebenes normative Kraft. Das gilt in Sonderheit für den Normzweck. Dessen normative Wirkung bei Ermessensentscheidungen ergibt sich zwingend aus § 114 VwGO. Auf Grund dieser Bestimmung darf, ja muß in jede Ermessensnorm als zusätzliches Merkmal hineingelesen werden, daß die Ermessensausübung sich an dem durch Auslegung zu ermittelnden

---

[59] Siehe oben § 3 I bei Fußn. 9 ff.
[60] Vgl. die Argumentation bei *Pietzonka*, aaO. S. 1866.
[61] So *Walter Schmidt*, Gesetzesvollziehung durch Rechtsetzung, S. 157; *Geitmann*, Bundesverfassungsgericht und „offene" Normen, S. 57.
[62] *Walter Schmidt*, aaO. S. 158.
[63] *Jesch*, AöR 82, 163 ff. (208/209). Zustimmend: *Bachof*, Urteilsanmerkung, DVBl. 1957, 788 ff. (790). Schon früher in diesem Sinne: *Reuss*, DVBl. 1953, 649 ff. (653).

III. Vergleich von Ermessen und unbestimmtem Rechtsbegriff

Normzweck zu orientieren habe. Damit aber ist der „Anschluß an den unbestimmten Rechtsbegriff" in der Tat schon gewonnen[64].

Hiergegen kann man nicht einwenden, daß der Normzweck gar zu komplex und unbestimmt sei, um als determinierende Richtlinie mit einem ausdrücklich rezipierten unbestimmten Rechtsbegriff auf eine Stufe gestellt zu werden. Denn wie komplex und unbestimmt sind andererseits die tatbestandlich normierten öffentlichen Belange, zumal wenn sie — wie im Falle der weiteren Gemeinwohlklausel bei Dispenstatbeständen — „nach außen" verweisen. Ohnehin setzt Normativität ein Mindestmaß an Bestimmtheit voraus. Wer also die Normativität des Gesetzeszwecks mit Rücksicht auf § 114 VwGO im konkreten Fall anerkennt, setzt inzidenter auch einen gewissen Grad an Bestimmtheit voraus und kann nicht gut auf der anderen Seite mit dem Argument angeblicher Unbestimmtheit operieren. Sollte dem Normzweck wirklich einmal wegen allzu großer Unbestimmtheit oder fehlender Erkennbarkeit die normative Wirkung abgehen, so ist zugleich die Ermessensnorm null und nichtig. Nur diese Konsequenz wird dem § 114 VwGO und den ihm nachgebildeten gesetzlichen Bestimmungen gerecht.

Ein anderer Einwand betrifft die Konkretisierbarkeit des Gesetzeszwecks. Nach Ekkehart Stein sollen bloße Zielbegriffe noch keinen auflösungsfähigen Maßstab für ein bestimmtes Verhalten abgeben, da sie Aussagen über die Gesetzlichkeit von Kausalabläufen nicht enthalten[65]. Folgerichtig gesteht Stein im Gegensatz zur h. L. bei tatbestandlich normierten unbestimmten Rechtsbegriffen der Verwaltung Wahlfreiheit zu, falls die Normierung sich auf finale Elemente beschränkt[66]. Das ist z. B. beim Begriff des öffentlichen Interesses der Fall[67]. Entsprechend wäre die Situation beim Ermessen: Ermangels allgemeiner kausalgesetzlicher Maßstäbe bestünde Wahlfreiheit, und daran könnte auch der durch den Gesetzeszweck vermittelte „Anschluß an den unbestimmten Rechtsbegriff" nichts ändern.

Die These von der fehlenden Maßstabsfähigkeit der Zielbegriffe ist jedoch nicht zwingend. Jedem wie immer beschaffenen Zweck oder Interesse eignet automatisch eine inhaltlich entsprechende Zweck- oder Interessengemäßheit. Diese Zweckmäßigkeit — im Falle der Ermessens-

---

[64] So zutreffend *Walter Schmidt*, Gesetzesvollziehung, S. 160, der auch an anderer Stelle (aaO. S. 150) auf den Widerspruch hinweist, daß trotz der in § 114 VwGO vorausgesetzten normativen Wirkung des Normzwecks rechtlich verbindliche („rezipierte") Maßstäbe bei der Ermessensausübung fehlen sollen.
[65] *Stein*, Wirtschaftsaufsicht, S. 80 f.
[66] *Stein*, aaO. S. 102 ff.
[67] Vgl. das Beispiel von *Stein* (aaO. S. 103): „Interessen des öffentlichen Verkehrs."

norm also die dem Gesetzeszweck korrespondierende Zweckmäßigkeit — bildet ohne Zweifel einen der Konkretisierung fähigen und bedürftigen Maßstab. Daß es sich um einen sehr „formalen" Maßstab handelt, schadet nicht. Bis zu einem gewissen Grade formal sind — eben auf Grund ihrer „Unbestimmtheit" — alle unbestimmten Rechtsbegriffe. Wenn Begriffen wie „Eignung" und „Angemessenheit" die Maßstabsfähigkeit zugebilligt wird, so darf Gleiches der Maxime optimaler Zweckmäßigkeit nicht versagt werden. Ohnehin sind es beim Ermessen selten mehr als zwei Verhaltensalternativen, auf die sich die Konkretisierung dieser allgemeinen Maxime beschränkt.

Die These von *Jesch* könnte nur dann in beschränktem Umfang aufrechterhalten werden, wenn die dem Gesetzeszweck entsprechende Zweckmäßigkeit nicht den allein verbindlichen Maßstab enthielte, wenn vielmehr die Verwaltung sich auch an anderen, gesetzlich nicht verobjektivierten, subjektiven Zwecken orientieren dürfte. Das aber ist — wie die frühere Analyse ergab — im Rechtsstaat nicht möglich[68]. Die determinierende Wirkungsweise des Normzwecks ist voll und ganz auszuschöpfen. Erkenntnisschwierigkeiten mag dabei die Vermutung zugunsten der praktikableren Lösung überbrücken helfen[69].

Damit steht das Ergebnis fest. Strukturelle Unterschiede zwischen unbestimmtem Rechtsbegriff und Ermessen gibt es nicht[70]. Mit derselben Berechtigung, mit der man bei unbestimmten Rechtsbegriffen von „Lücken intra legem" spricht[71], kann auch die Ermessensausübung als eine Art teleologischer Lückenfüllung bezeichnet werden. Lückenfüllung aber hindert nicht die Geltung des Prinzips der nur einen richtigen Entscheidung. Erneut erweist sich, daß die These von der Wahlfreiheit beim Ermessen nicht haltbar ist.

---

[68] Vgl. oben § 4 III 4 b.
[69] Vgl. oben § 4 III 4 c bei Fußn. 135.
[70] So auch *Geitmann*, Bundesverfassungsgericht und „offene" Normen, S. 56 („Kein prinzipieller Unterschied zwischen Ermessen und unbestimmtem Rechtsbegriff").
[71] *Tipke-Kruse*, RAO Bd. II, § 1 StAnpG, Anm. 24.

§ 6 Die prozessualen Konsequenzen

I. Richterliche Zweckmäßigkeitskontrolle als Konsequenz

Die prozessualen Konsequenzen der jeweiligen Ermessenskonzeption und damit Art und Umfang der gerichtlichen Ermessenskontrolle dürften auch heute noch die materiellrechtliche Diskussion entscheidend beeinflussen[1]. Teils wird, wie wir oben sahen[2], offen mit prozessualen Argumenten operiert, teils geben sie unterschwellig den Ausschlag. Die Unzulänglichkeit eines solchen Vorgehens braucht wohl nicht eigens betont zu werden. Sicherlich bieten die Konsequenzen einen legitimen und notwendigen Kontrollmaßstab, der ein bestimmtes theoretisches Ergebnis *nachträglich* wieder in Frage stellen kann[3]. So rigoros ist niemand, daß er nach dem Satz verfahren wollte: „Fiat iustitia, pereat mundus". Der Blick auf die Folgen darf jedoch nicht schon von vornherein den Horizont verengen und zu vorgefaßten Meinungen führen. Der Mühe, zunächst auf konstruktivem Wege ein bestimmtes Ergebnis zu gewinnen, bedarf es in jedem Fall.

Gerade die h. L. hätte es nicht nötig, sich schon bei der materiellrechtlichen Argumentation von der befürchteten Konsequenz richterlicher Zweckmäßigkeitskontrolle beeindrucken zu lassen. Längst praktiziert sie auf dem Nachbargebiet der „unbestimmten Rechtsbegriffe" jene von *Ehmke* und *Häberle* nachdrücklich propagierte These, daß Rechtsbindung nicht notwendig richterliche Kontrolle zur Folge habe[4]. Was ist der Beurteilungsspielraum anderes als ein gerichtsfreier Raum bei völliger normativer Fremdbestimmtheit des Verwaltungshandelns? Die h. L. brauchte also die Figur des Beurteilungsspielraums nur auf das Ermessen zu übertragen und ihr im Bereich absoluter Zweckmäßigkeit Geltung zu verschaffen. Alsdann könnte sie getrost vom Prinzip der einen und nur einen richtigen Entscheidung beim Ermessen ausgehen und wäre der mit dem materiellrechtlichen Freiheitsspielraum

---

[1] Kritisch dazu *Rupp*, Grundfragen, S. 120; *ders.* NJW 1969, 1273 ff. (1273); *Czermak*, DÖV 1966, 750 ff. (753).

[2] § 4 III 5.

[3] So im Hinblick auf die Entscheidungen des Verfassungsrichters: *Bachof* in: summum ius summa iniuria, S. 41 ff. (insbes. S. 46 f.).

[4] *Ehmke*, Ermessen, S. 48; *Häberle*, Öffentliches Interesse, S. 160 Fußn. 271, S. 602, 656, 698.

verbundenen verfassungsrechtlichen Sorgen enthoben. Um einen Gewährsmann müßte sie nicht verlegen sein: schon *Bernatzik* hat eine ähnliche Konzeption vor nunmehr 85 Jahren vertreten; für ihn stellte sich die Anwendung „vager Kategorien" (Rechtsfolgeermessen eingeschlossen) voll und ganz als „Rechtsanwendung" dar, gekoppelt mit ausschließlicher Beurteilungskompetenz der Verwaltungsbehörden[5].

Freilich wirft diese Lösung anstelle der alten neue Probleme auf. Es ist zweifelhaft, ob die Konstruktion von Beurteilungsspielräumen bei Anwendung unbestimmter Rechtsbegriffe mit der Rechtsschutzgarantie (Art. 19 IV GG) zu vereinbaren ist. Dahingehende Bedenken haben vor allem in der Rechtsprechung einen Trend zum Abbau des Beurteilungsspielraums ausgelöst[6]. Dieselben Schwierigkeiten ergäben sich beim Ermessen, wollte man trotz totaler rechtlicher Gebundenheit eine Beurteilungskompetenz der Verwaltung annehmen.

Art. 19 IV GG berechtigt und verpflichtet die Gerichte zu vollständiger Kontrolle im Bereich rechtlicher Bindungen. Wer also die Verrechtlichung des Zweckmäßigen bei der Ermessensentscheidung bejaht, muß zunächst einmal davon ausgehen, daß jene Zweckmäßigkeit gerichtlicher Kontrolle unterliegt[7]. Die Frage kann allenfalls dahin gestellt werden, ob wesensmäßige, vorgegebene Schranken der gerichtlichen Kontrolle vorhanden sind, an denen auch der Art. 19 IV GG seine Grenze findet.

Das Nötige hierzu wurde in früherem Zusammenhang[8] bereits gesagt: weder die Notwendigkeit „wertender" Entscheidung noch die mit solcher Wertung verbundene „faktische Schwankungsbreite" noch die besondere Sachkunde der Verwaltung rechtfertigen die Annahme, daß eo ipso die gerichtliche Zweckmäßigkeitskontrolle ausgeschlossen ist. Damit sind schon die wichtigsten Argumente für die Annahme eines Beurteilungsspielraums entkräftet[9]. Nicht nachprüfbar mangels objektiver Maßstäbe wäre zwar eine subjektive, verwaltungsmäßige Zweckmäßigkeit. Diese aber darf ohnehin beim Ermessen keine Rolle spielen. Die objektive, am Gesetzeszweck orientierte Zweckmäßigkeit kann dagegen auch vom Gericht nachvollzogen werden. Das zeigt bereits der Grundsatz teleologischer Auslegung, den die Gerichte ebenso wie die Verwaltung handhaben dürfen. Das folgt ferner für den Bereich des Ermessens aus § 114 VwGO, der den Gerichten *auch* zu überprüfen

---

[5] *Bernatzik*, Rechtsprechung, S. 36 ff., insbes. S. 41 ff.; vgl. auch oben § 3 I 1 bei Fußn. 12.
[6] Vgl. die Nachweise oben § 5 I Fußn. 19.
[7] *Schmidt-Salzer*, VerwArch 60 (1969), 261 ff. (269, 282).
[8] Vgl. oben § 4 III 5 b—f.
[9] Vgl. *Schmidt-Salzer*, Beurteilungsspielraum, S. 42 ff., zum Parallelproblem des Beurteilungsspielraums beim unbestimmten Rechtsbegriff.

aufgibt, ob die Verwaltung das Ermessen gesetzeszweckmäßig („in einer dem Zweck der Ermächtigung entsprechenden Weise") ausgeübt hat[10]. Wenn die h. L. dem § 114 VwGO gerade eine Beschränkung der Ermessenskontrolle auf die intrasubjektiven Mängel entnimmt, so nur deshalb, weil sie vom weiteren, subjektiven Zweckmäßigkeitsbegriff herkommt, welcher völliger heteronomer Determinierung der Ermessensentscheidung durch den Gesetzeszweck im Wege steht.

Bei Zugrundelegung des verfassungsrechtlich zulässigen Zweckmäßigkeitsbegriffs gelangt man zu dem Ergebnis, daß wesensmäßige Schranken gerichtlicher Zweckmäßigkeitskontrolle nicht bestehen. Die Annahme eines — materiellrechtlichen[11] — Beurteilungsspielraums bei der Ermessensausübung ist mit Art. 19 IV GG nicht zu vereinbaren. Die Gerichte sind damit zu vollständiger Nachprüfung der Ermessensentscheidung auch im Bereich absoluter Zweckmäßigkeit befugt und verpflichtet.

II. Die Anforderungen an die Zweckmäßigkeitskontrolle

An dieser Stelle ist aus den Reihen der h. L. sogleich der Einwand zu vernehmen, daß es schließlich keine Ideallösung sei, wenn eine zweifelhafte behördliche Entscheidung durch ein ebenso zweifelhaftes gerichtliches Urteil ersetzt werde[12]. Zugegeben: das wäre eine bedenkliche Konsequenz. Die Frage ist nur, ob es wirklich zu solchen Auswirkungen kommen muß.

Das Problem stellt sich im Bereich der richterlichen Überzeugungsbildung. Geht man von der hier vertretenen Ermessenskonzeption aus, so entscheidet der Richter nach seiner freien, aus dem Geamtergebnis des Verfahrens gewonnenen Überzeugung, ob die Verwaltungsbehörde unter den gegebenen tatsächlichen Umständen die bestmögliche Entscheidung getroffen hat oder nicht (§ 108 I VwGO). Damit scheint sich auf den ersten Blick die Befürchtung der h. L. zu bestätigen und der Richter in der Lage zu sein, eine vertretbare Lösung seines Geschmacks an die Stelle der vertretbaren Lösung der Verwaltung zu setzen.

---

[10] Wie hier: *Czermak*, DÖV 1966, 750 ff. (753).
[11] Von Beurteilungsspielräumen „auf prozeßrechtlicher Grundlage" ist zuweilen die Rede, wenn sich aus den prozessualen Spielregeln eine faktische Begrenzung richterlicher Kontrolle ergibt; vgl. *Schmidt-Salzer*, Beurteilungsspielraum, S. 76 ff. Zu dieser Problematik vgl. die folgenden Ausführungen unter II.
[12] *Jarosch*, DVBl. 1954, 521 ff. (525); *Bachof*, Verfassungsrecht I, S. 232; *Schmidt-Salzer*, VerwArch 60 (1969), 261 ff. (261); *Ossenbühl*, Verwaltungsvorschriften, S. 332; *Redeker*, DÖV 1971, 757 ff. (760).

1. Zu prüfen ist aber, ob nicht auch die Bildung richterlicher Überzeugung irgendwelchen Anforderungen unterliegt. *Rupp* verweist in diesem Zusammenhang auf das im „Persönlichkeitsbild" des Richters verankerte Taktgefühl[13]. Der gute Verwaltungsrichter werde sich seiner mangelnden Fachkenntnisse, der „Subjektivität und Fehlerhaftigkeit der eigenen Entscheidung" bewußt sein; das aber hindere ihn, „die Begründung einer Verwaltungsentscheidung kurzerhand als unbeachtlich zu ignorieren und alles besser zu wissen"[14].

Das „psychologisch-edukatorische Lösungsmodell" von Rupp bietet keinerlei rechtlich faßbare und rechtlich kontrollierbare Regeln; und eben deswegen vermag es nicht zu überzeugen[15]. Sicherlich sind Behutsamkeit und Takt im Umgang mit der Überzeugung anderer beherzigenswerte Eigenschaften, um deren Besitz sich gerade der Richter bemühen sollte. Doch was nützen alle moralischen Appelle, wenn sie nicht befolgt werden?

2. Anzustreben ist eine normative Lösung. Es gibt durchaus auch rechtliche Anforderungen an die Bildung der richterlichen Überzeugung. So darf sich der Richter bei aller Freiheit nicht über Denk- und Erfahrungssätze hinwegsetzen. Im Bereich der Zweckmäßigkeitskontrolle bei Ermessensentscheidungen sind letztere von besonderem Interesse. Zuweilen hat man nämlich versucht, aus der Bindung des Richters an Erfahrungssätze rechtlich verbindliche und nachprüfbare Richtlinien zu gewinnen, die die richterliche Überzeugungsbildung im Bereich des Ermessens und der unbestimmten Rechtsbegriffe beeinflussen. Der zugrunde gelegte Erfahrungssatz lautet etwa dahin, daß infolge der besonderen Sachkunde und Spezialkenntnisse der zuständigen Verwaltungsbehörde eine *„vertretbare"* Entscheidung zugleich die einzig richtige (rechtmäßige) Entscheidung sein wird, sofern die Behörde von zutreffenden tatsächlichen und rechtlichen Voraussetzungen ausgegangen ist, das vorgeschriebene Verfahren eingeschlagen hat und sich allein von den am Gesetzeszweck orientierten Erwägungen hat leiten lassen[16]. Auf Grund dieses Erfahrungssatzes ergäbe sich praktisch eine *Vermutung* zugunsten der Richtigkeit vertretbarer behördlicher Ermessensentscheidungen, die freilich im Einzelfall durch Erschüttern der genannten Prämissen („Vermutungsbasis") entkräftet werden könnte.

---

[13] *Rupp*, Grundfragen, S. 212, 220 und NJW 1969, 1273 ff. (1278).
[14] *Rupp*, NJW 1969, 1278.
[15] Kritisch daher: *Kellner*, NJW 1966, 857 ff. (862) Fußn. 63; *Ossenbühl*, DÖV 1968, 618 ff. (618) Fußn. 2; *ders.* DÖV 1970, 84 ff. (86); *Müller*, DÖV 1969, 119 ff. (122) Fußn. 25; *Hoppe*, DVBl. 1969, 340 ff. (340) Fußn. 8. Zustimmend nur: *Scheerbarth*, Urteilsanmerkung, DVBl. 1967, 301 ff. (303).
[16] Vgl. *Czermak*, JZ 1963, 276 ff. (278 f.), der allerdings speziell die Bindung des Richters an Sachverständigengutachten bei Nachprüfung unbestimmter Rechtsbegriffe behandelt; ferner *Kopp*, DÖV 1966, 317 ff. (322).

II. Die Anforderungen an die Zweckmäßigkeitskontrolle

Die Berücksichtigung des besonderen Sachverstandes der Verwaltungsbehörde wenigstens im Rahmen der richterlichen Überzeugungsbildung ist ein Ansatz, der allgemein Anerkennung finden dürfte und auf dem gerade auch das von Rupp vertretene rein edukatorisch-psychologische Lösungsmodell fußt. Zweifelhaft ist nur, ob die — bei Rupp fehlende — rechtliche Verankerung eines solchen Ansatzes über die Figur der Vermutung möglich ist. Um eine *tatsächliche* („natürliche") Vermutung dürfte es sich jedenfalls nicht handeln. Eine solche könnte nur im Rahmen der Tatsachenermittlung und des Tatsachenbeweises eine Rolle spielen. Das Problem bei der Ermessenskontrolle wie auch bei der Überprüfung unbestimmter Rechtsbegriffe liegt primär nicht in der Ermittlung des Tatsachenstoffes, sondern in der Beurteilung und Qualifizierung des ermittelten Tatsachenstoffes, seiner Subsumtion also unter die Maxime optimaler Zweckmäßigkeit bzw. den unbestimmten Rechtsbegriff. Dies gilt insbesondere auch dann, wenn der Auflösung des Zweckmäßigkeitsmaßstabs bzw. des unbestimmten Rechtsbegriffs in beschreibende Tatsachenbegriffe wegen „nicht mitteilbarer Imponderabilien" Grenzen gesetzt sind[17]. Die Subsumtion wirft hier die eigentlichen Schwierigkeiten auf; diese aber ist voll und ganz ein Akt der Rechtsanwendung.

Wenn also im Bereich der Zweckmäßigkeitskontrolle von Ermessensentscheidungen eine Vermutung in dem oben beschriebenen Sinne relevant sein sollte, so müßte es sich — nach dem hier entwickelten theoretischen Ausgangspunkt — notwendig um eine *Rechtmäßigkeitsvermutung* handeln. Damit ist die grundsätzliche Frage nach der Möglichkeit und Zulässigkeit von Rechtmäßigkeitsvermutungen aufgeworfen.

Die Problematik der Rechtmäßigkeitsvermutung ist in jüngster Zeit durch die Arbeit von *Meder* zum Prinzip der Rechtmäßigkeitsvermutung ins Bewußtsein gerückt worden[18]. Nach Meder soll jeder Rechtsentscheidung eine nur unter bestimmten Voraussetzungen widerlegbare Vermutung für die Rechtmäßigkeit ihres Inhalts anhaften. Gerade in der Ermessensentscheidung der Verwaltung sieht der Autor eine bedeutsame Erscheinungsform dieses Prinzips[19]. In dieselbe Richtung weist wohl auch jene „Vermutung gemeinwohlkonformen Handelns der öffentlichen Verwaltung", deren Einsatz bei der gerichtlichen Überprüfung „gemeinwohlbezogener Begriffe" einschließlich des Ermessens *Häberle* befürwortet[20].

---

[17] Vgl. zu diesem Problem: *Jesch*, AöR 82, 163 ff. (202); *Korbmacher*, DÖV 1965, 696 ff. (702).
[18] *Meder*, Das Prinzip der Rechtmäßigkeitsvermutung, Berlin 1970.
[19] *Meder*, Rechtmäßigkeitsvermutung, S. 42 ff.
[20] *Häberle*, Öffentliches Interesse, S. 461, 463, 466.

Im allgemeinen scheint freilich in der Lehre eine verbreitete Skepsis gegenüber der Figur der Rechtmäßigkeitsvermutung vorzuherrschen[21]. Die Bedenken sind durchaus berechtigt, soweit die Rechtmäßigkeitsvermutung besagen sollte, daß bereits die schlichte Existenz einer hoheitlichen Maßnahme deren Rechtmäßigkeit vermuten lasse. Zu Recht wehrt man sich dagegen, die Bestandskraft von Verwaltungsakten bis zu deren erfolgreicher Anfechtung auf die Konstruktion einer Rechtmäßigkeitsvermutung zu stützen[22]. Dies hindert aber nun nicht, eine Rechtmäßigkeitsvermutung wenigstens dann anzuerkennen, wenn im Bereich der Rechtsanwendung eine der Tatsachenvermutung vergleichbare Konstellation vorliegt, wenn also „der Zwang zu einer Entscheidung mit der Ungewißheit über Entscheidungsvoraussetzungen oder -folgen kollidiert und diese Ungewißheit durch den Rückgriff auf einen erfahrungsgemäß steten Regelverlauf der Entscheidungskriterien, wenn nicht behoben, so doch gemindert werden kann"[23].

Eben dies ist bei der Zweckmäßigkeitskontrolle der Fall. Die subjektive Ungewißheit hinsichtlich zu beweisender Tatsachen findet hier ihr Pendant in der subjektiven Schwankungsbreite mehrerer „vertretbarer" Entscheidungen. In einer solchen Grenzsituation menschlicher Erkenntnis ist die Wahrscheinlichkeit für die Richtigkeit einer — Sachverstand voraussetzenden — Entscheidung um so größer, je sachverständiger das beurteilende Organ ist. Die Erfahrung spricht demzufolge für die Richtigkeit der Entscheidung des sachverständigen Organs Verwaltung, vorausgesetzt freilich — und dies betrifft die „Vermutungsbasis" —, daß die Verwaltung im Vorfeld der Entscheidung all jenen Anforderungen gerecht geworden ist, deren Berücksichtigung bei genügendem Sachverstand eine optimale Entscheidung erwarten läßt: nämlich den Anforderungen einwandfreier Motivation und eines einwandfreien Verfahrens, ausreichender Zweckmäßigkeitserwägungen sowie einer zutreffenden Beurteilung der tatsächlichen und rechtlichen Entscheidungsvoraussetzungen.

Die Figur der Rechtmäßigkeitsvermutung im Rahmen der Zweckmäßigkeitskontrolle läßt sich gerade dann — eigentlich sogar *nur* dann — aufrechterhalten, wenn man zugleich vom Prinzip der nur einen richtigen Entscheidung ausgeht[24]. Im Bereich der Tatsachenermittlung steht von vornherein außer Zweifel, daß die zu ermittelnde Tatsachenlage entweder so oder so beschaffen, nicht aber so und so

---

[21] Nachweise bei *Meder*, Rechtmäßigkeitsvermutung, S. 33 f. Fußn. 4 ff.
[22] Vgl. *Bachof*, Verfassungsrecht I, S. 75; *Wolff*, Verwaltungsrecht I, § 50 I a (S. 328) entgegen BVerwGE 1, 67 ff. (69).
[23] *Meder*, Rechtmäßigkeitsvermutung, S. 36.
[24] Ganz anders insoweit *Meder*, Rechtmäßigkeitsvermutung, S. 37.

II. Die Anforderungen an die Zweckmäßigkeitskontrolle

zugleich beschaffen sein kann. Die Tatsachenvermutung verhilft also dazu, Schwierigkeiten bei der Ermittlung der *einzig* richtigen Lösung zu überbrücken. Die Konstellation bei der Rechtsanwendung ist hiermit vergleichbar, soweit man anerkennt, daß es auch hier die einzig richtige Lösung zu finden gilt. Gerade in diesem Punkt zeigt sich die als notwendig vorausgesetzte Übereinstimmung zwischen Tatsachen- und Rechtmäßigkeitsvermutung.

Als Ergebnis bleibt festzuhalten, daß es bei Ermessensentscheidungen im Bereich der Zweckmäßigkeitskontrolle eine Rechtmäßigkeitsvermutung gibt, die den Richter daran hindert, eine vertretbare Entscheidung der Verwaltung ohne weiteres durch eine andere Lösung zu ersetzen. Die Grundlage dieser Rechtmäßigkeitsvermutung, die sog. Vermutungsbasis, ist tatsächlicher Art; sie setzt sich teils aus inneren Tatsachen (Motivation, Zweckmäßigkeitserwägungen, vorgestellte Tatsachen- und Rechtslage), teils auch aus äußeren Tatsachen (objektives Verfahren) zusammen und bedarf des Beweises. Die objektive Beweislast trägt insoweit die Verwaltung. Die Vermutungsbasis kann ihrerseits auf tatsächlichem Wege erschüttert werden — so etwa durch das Aufzeigen neuer Tatumstände, die von der Verwaltung nicht berücksichtigt wurden und damit auf einen verengten Problemhorizont im Zeitpunkt der Ermessensausübung hinweisen. Hier trifft den Bürger die objektive Beweislast. Die Erschütterung der Vermutungsbasis hat zur Folge, daß der für die Verwaltung günstige Erfahrungssatz und die darauf fußende rechtliche Vermutung entfallen; was beides noch nicht besagt, daß nunmehr die Unzweckmäßigkeit und damit Unrechtmäßigkeit der Ermessensentscheidung feststünde. Lassen freilich irgendwelche tatsächlichen Umstände *eindeutig* eine andere Wahl als zweckmäßiger erscheinen, so ist die behördliche Entscheidung nicht mehr vertretbar; die Anwendung des oben wiedergegebenen Erfahrungssatzes und der darauf beruhenden Vermutung kommt dann von vornherein nicht in Betracht, vielmehr unterliegt die Entscheidung als „erwiesenermaßen" unzweckmäßig gerichtlicher Aufhebung.

Das Zusammenspiel von Rechtmäßigkeitsvermutung im Rahmen der richterlichen Überzeugungsbildung und Beweislastverteilung sorgt — je nach Prozeßlage — für eine ständige Verschiebung der prozessualen Darlegungslast der Parteien. Zwar kennt der von der Untersuchungsmaxime beherrschte Verwaltungsprozeß keine *subjektive* Beweislast (Beweisführungslast)[25]. Die VwGO geht dennoch — wie die Formulierung des § 86 I zeigt — von gewissen Förderungs- und Mitwirkungspflichten der Parteien aus, deren Nichterfüllung unter Um-

---

[25] *Eyermann-Fröhler*, VwGO, § 86 RN 5; *Bachof*, Verfassungsrecht I, S. 190 Nr. 44.

ständen prozessuale Nachteile zur Folge hat[26]. So wird die Verwaltungsbehörde nicht umhin können, dem Gericht die tatsächlich angestellten Erwägungen und subjektiven Anstrengungen bei der Ermessensausübung mitzuteilen; andernfalls besteht kaum Aussicht, daß der für die Verwaltungsbehörde günstige Erfahrungssatz angewandt werden kann. Dem klagenden Bürger wiederum muß daran gelegen sein, die Vermutungsbasis in Abrede zu stellen und gegebenenfalls durch neue Tatsachen zu erschüttern. Ergibt sich dabei, daß der Verwaltung Mängel in der Motivation oder im Verfahren unterlaufen sind, so ist es erneut an der beklagten Behörde, mit Hilfe „nachzuschiebender Gründe" und dergleichen die beim Gericht entstandenen Zweifel zu zerstreuen. Auf diese Weise kommt es zu einem ständigen Rollenwechsel. Gewiß: das Gericht muß auch unabhängig vom Parteivorbringen Gründe und Gegengründe ermitteln. Die Gefahr indessen, es möge ihm dies in einer bestimmten prozessualen Situation nicht gelingen, trägt die jeweils in die Defensive gedrängte Prozeßpartei. Eine gewisse Aktivität ist also im eigenen Interesse geboten.

Die praktischen Konsequenzen, zu denen das hier vertretene Lösungsmodell normativer Mindestanforderungen an die richterliche Überzeugungsbildung führt, sind zusammengefaßt folgende:

a) Bei einer vertretbaren — d. h. nicht evident unzweckmäßigen — Ermessensentscheidung muß sich das Gericht an den Erfahrungssatz halten, daß die Verwaltung als „Sachverständiger" zum bestmöglichen Ergebnis gelangen wird, sofern Motivation und eingeschlagenes Verfahren in Ordnung sind. Die Beachtung dieses Satzes unterliegt gerichtlicher Kontrolle durch die nächsthöhere Instanz[27]. Eine vertretbare Entscheidung wird nur dann aufgehoben werden können, wenn Mängel in der Motivation und im Verfahren ersichtlich oder sonstige Umstände festgestellt sind, die auf einen beschränkten „Problemhorizont" schließen lassen. Selbst in einem solchen Falle aber ist die Kassation vermeidbar, sofern sich mittels nachgeschobener Gründe nachweisen läßt, daß ein mängelfreies, einwandfreies Vorgehen der Verwaltung zu einem anderen Ergebnis nicht geführt hätte.

b) Eine unvertretbare — d. h. evident unzweckmäßige — Ermessensentscheidung ist in jedem Falle aufzuheben, gleich, ob subjektive Mängel oder Verfahrensfehler auf seiten der Verwaltung vorgelegen haben

---

[26] So *Lüke*, JuS 1961, 41 ff. (43); *Czermak*, DÖV 1962, 921 ff. (924); *Hannover*, DVBl. 1960, 381 f. (381). Schon damals so: *Scheuner*, VerwArch 33 (1928), 68 ff. (93).

[27] Zur Revisibilität eines derartigen Erfahrungssatzes bei der Nachprüfung unbestimmter Rechtsbegriffe (allerdings wohl auf der Grundlage einer tatsächlichen Vermutung): *Czermak*, JZ 1963, 276 ff. (278).

oder nicht. Unvertretbar ist die Entscheidung, wenn besondere Umstände gerade in dem betreffenden Einzelfall *eindeutig* eine bestimmte andere als die von der Behörde gewählte Entscheidung erfordern[28].

III. Die Vorteile der „prozessualen Lösung" gegenüber der herrschenden Lehre

Mit dem dargestellten Ergebnis sind die Bedenken ausgeräumt, die von der h. L. gegen eine Zweckmäßigkeitskontrolle vorgebracht werden. Daß das Gericht seine eigene zweifelhafte Meinung in bloßer Besserwisserei an die Stelle der verwaltungsbehördlichen Auffassung setzt, hindern die normativen Anforderungen an die richterliche Überzeugungsbildung. Darüber hinaus aber vermeidet die hier entwickelte Konzeption auch noch jene Schwächen, die der — konsequent durchgeführten — herrschenden Konzeption anhaften.

1. Da die h. L. beim Begriff des Ermessensfehlers auf subjektive Mängel und Verfahrensmängel, nicht aber auf das objektive Resultat der Ermessensausübung abstellt, müßte sie von der Bestandskraft *eindeutig* unzweckmäßiger Maßnahmen ausgehen, sofern Mängel der geschilderten Art nicht festzustellen sind. Das jedoch vermag nicht zu überzeugen. Vom Standpunkt des Staates wie auch des Bürgers ist die Kassation ersichtlich unzweckmäßiger Ermessensakte in aller Regel erwünscht. Es nimmt daher nicht wunder, daß Autoren, die sich selbst durchaus als Vertreter der herrschenden Doktrin verstehen, an diesem Punkt Abstriche machen. So soll Ermessensmißbrauch auch dann vorliegen, wenn die Ermessensentscheidung der Behörde „undiskutierbar unbillig oder unangemessen"[29] bzw. „durchaus unzweckmäßig"[30] ausfällt. Mit solchen Formulierungen ist der Boden der h. L. im Grunde schon verlassen[31]. Das ist in Literatur und Rechtsprechung zuweilen erkannt und entsprechend kritisiert worden[32]. Allein — in der gerichtlichen Praxis selbst zeigt sich immer stärker der Trend zur objektiven

---

[28] Vgl. die Formulierung bei *Czermak*, DÖV 1966, 750 ff. (754).
[29] So *Krönig*, MDR 1948, 130 ff. (131).
[30] So *Eyermann-Fröhler*, VwGO, § 114 RN 21.
[31] Auf ein objektives Kriterium weist auch der „Rechtsgrundsatz der Sachgerechtigkeit" hin, den z. B. *Menger*, System des verwaltungsgerichtlichen Rechtsschutzes, S. 129/130, als Ermessensschranke anführt. Wenn Menger meint, Sachgerechtigkeit und Zweckmäßigkeit seien nicht identisch (vgl. System, S. 130 Fußn. 17), so geht er anscheinend vom Begriff der weiteren, verwaltungsmäßigen Zweckmäßigkeit aus; diese aber darf — wie wir sahen — bei der Ermessensausübung gar nicht berücksichtigt werden.
[32] So von *Turegg-Kraus*, Verwaltungsrecht, S. 30; *LVG Minden*, DVBl. 1951, 478 f. (478).

Zweckmäßigkeitskontrolle. Instruktiv ist insoweit die Entwicklung auf dem Gebiet der Störerauswahlentscheidung. Wie bereits in früherem Zusammenhang festgestellt wurde[33], scheinen sich hier die Gerichte Beschränkungen nicht mehr aufzuerlegen; die Kontrolle ist umfassend und dürfte auch vor Fragen absoluter Zweckmäßigkeit nicht haltmachen[34]. Ganz offensichtlich will die Rechtsprechung auf diese Weise dem Rechtsschutzbedürfnis des Bürgers Rechnung tragen, welches gleichermaßen bei „nur" objektiv zweckwidrigen Maßnahmen besteht.

Kennzeichnend für diesen Trend sind ferner die Hinweise auf ausländisches Recht, welches die der deutschen Ermessenslehre anhaftende starre Unterscheidung zwischen Zweckmäßigkeits- und Rechtsfragen nicht kennt. *Scheuner* sieht — im Zusammenhang mit der rechtlichen Beurteilung staatlicher Interventionen und Subventionen — ein Bedürfnis dafür, ganz allgemein die deutsche Lehre von den Ermessensfehlern „durch anschauliche, konkret gefaßte Standards und Muster zu beleben"; ihm zufolge sollen derartige „Hilfsmaßstäbe der Bewertung und Begrenzung staatlicher Maßnahmen" durch den im angelsächsischen Rechtskreis beheimateten Grundsatz der „reasonableness" vermittelt werden können[35]. Bereits *Erich Kaufmann* befürwortete eine Übertragung dieses Grundsatzes auf die deutsche Ermessenslehre, wenn er die richterliche Kontrolle des Ermessens auf die Frage erstreckte, ob der Verwaltungsakt „in the exercise of a reasonable discretion" ergangen sei[36]. Kein Zweifel, daß damit eine *objektive* Vernünftigkeit und Sachgemäßheit der Entscheidung gemeint ist, die nichts mehr zu tun hat mit den subjektiv gefärbten immanenten Schranken der deutschen Doktrin.

In die gleiche Richtung gehen die rechtsvergleichenden Hinweise *Steindorffs* für den Bereich hoheitlicher Wirtschaftsverwaltung[37]. Er befaßt sich mit der französischen und amerikanischen Rechtsprechung und stellt als deren gemeinsames Merkmal heraus, daß der Umfang der gerichtlichen Ermessenskontrolle nicht nach bestimmten Regeln festgelegt sei, sondern vom jeweiligen Rechtsschutzbedürfnis des Bürgers bestimmt werde[38]. Einen entscheidenden Faktor des Rechtsschutzbedürfnisses aber bilde die „Grobheit von Fehlern der Verwaltungs-

---

[33] Vgl. oben § 2 III bei Fußn. 45.
[34] Vgl. etwa die Entscheidungen des *OVG Münster*, JZ 1964, 367 ff. (368) und des *OVG Koblenz*, VerwRspr. 19 Nr. 223 (S. 850).
[35] *Scheuner*, VVDStRL 11, 147 ff. (150); vgl. auch die weiteren Hinweise Scheuners auf den Grundsatz der reasonableness aaO. S. 1 ff. (58).
[36] *E. Kaufmann* in *Stengel-Fleischmann*, Wörterbuch des deutschen Staats- und Verwaltungsrechts, 3. Band, S. 688 ff. (697).
[37] *Steindorff*, Nichtigkeitsklage, S. 53 ff., 84 ff.
[38] *Steindorff*, aaO. S. 72—76, 95 f.

III. Vorteile einer „prozessualen" Lösung

maßnahmen"[39]. Das Fazit der Steindorffschen Untersuchung lautet: Bei evidenter Zweckwidrigkeit werden die Gerichte in Frankreich und in den USA wegen des in der Regel damit verbundenen Rechtsschutzbedürfnisses einen Ermessensfehler annehmen und die Aufhebung der angegriffenen Maßnahme verfügen. So erweisen sich in Frankreich „détournement de pouvoir" und „violation de la loi" durchaus auch als Rechtsmittel gegen objektiv unzweckmäßige Ermessensakte[40], und Gleiches gilt für die Anwendung der „rule of reason" in den USA[41].

Die rechtsvergleichenden Hinweise zeigen, auf welcher Seite in Wahrheit das befriedigende Ergebnis zu suchen ist. Ein Bedürfnis nach Beseitigung und Korektur *erweisbarer* objektiver Unzweckmäßigkeit besteht in den meisten Fällen. Es ist eine Schwäche der herrschenden Lehre, daß sie diesem Sachverhalt ohne Aufgabe des eigenen Standpunktes nicht hinreichend Rechnung zu tragen vermag.

2. Hinzu kommt, daß die von der h. L. verfochtene *materiell*rechtliche Relevanz von Verfahrens- und Motivationsmängeln auch bei objektiv zweckmäßigen oder zumindest vertretbaren Ermessensentscheidungen zu unhaltbaren Konsequenzen führt. Wäre nämlich ein entsprechender Mangel nachzuweisen, so müßte in *jedem* Falle „kassiert" werden. Das aber erscheint unerwünscht und unökonomisch, sobald feststeht, daß ein einwandfreies Verhalten am objektiven Ergebnis nichts geändert hätte. Es mangelt daher innerhalb der h. L. nicht an Versuchen, auch diese Konsequenzen nach Möglichkeit zu umgehen. An zwei Stellen zeigt sich das: beim „Nachschieben von Gründen" im verwaltungsgerichtlichen Verfahren und bei der rechtlichen Behandlung des „Vorwandes".

a) Die Zulässigkeit einer Auswechselung von Gründen bei Ermessensentscheidungen wird teilweise bejaht[42]. Mit Hilfe der von der Behörde im Prozeß nachgereichten korrekten Motivation sollen fehlerhaft moti-

---

[39] *Steindorff*, aaO. S. 96.
[40] Hinsichtlich „violation de la loi" vgl. *Steindorff*, aaO. S. 65; hinsichtlich „détournement de pouvoir" aaO. S. 81, 82. Ebenso vertrat anfangs *v. Laun* noch die Auffassung, daß in der französischen Lehre die Kassation wegen détournement de pouvoir auch als Zweckmäßigkeitskontrolle gedacht sei; vgl. in: Das Recht zum Gewerbebetrieb, S. 18 ff., insbes. S. 20 oben. Erst später hat *v. Laun* diese Ansicht revidiert: Das freie Ermessen, S. 174 bei Fußn. 3. Die Meinungsverschiedenheiten, die sich um den Kassationsgrund des détournement de pouvoir ranken, sind so erheblich, daß dieses Institut kaum eine geeignete Argumentationsgrundlage abgibt. Darauf wies schon *Tezner* hin: JöR V (1911), 67 ff. (99). Desgleichen *Rupp*, Grundfragen, S. 211 Fußn. 351.
[41] *Steindorff*, aaO. S. 95.
[42] So in der Lehre insbes. von *Wolff*, Verwaltungsrecht I, § 31 II d 2 γ (S. 175); *Stern*, Ermessen, S. 32; *Häberle*, Öffentliches Interesse, S. 460. In der Rspr.: OVG *Münster*, VerwRspr. 5 Nr. 29 (S. 163 ff.); OVG *Lüneburg*, DVBl. 1957, 275 ff. (277); BVerwG, DÖV 1967, 62 f. (63), DÖV 1971, 744 ff. (745).

vierte und deshalb nach h. L. rechtswidrige Maßnahmen vor der Aufhebung bewahrt bleiben. Danach könnte die Polizei, die bei einer Störerauswahlentscheidung persönliche oder politische Motive verfolgt, ihr Verhalten nachträglich mit dem Hinweis auf die besondere Qualifikation der in Anspruch genommenen Person rechtfertigen.

Eine dahingehende nachträgliche Korrektur der tragenden Gründe wirft keinerlei Probleme auf, sofern man von der hier vertretenen Ermessenskonzeption und der sich daran anschließenden prozessualen Lösung ausgeht. Dann nämlich ist *materiell*rechtlich allein das objektive Ergebnis entscheidend, liefern die subjektiven Erwägungen nur Anhaltspunkte, an denen prima facie die richterliche Überzeugung sich orientieren kann und muß. Ein auswechselndes Nachschieben von Gründen stellt sich von daher als der Versuch der beklagten Behörde dar, die beim Richter hervorgerufenen Zweifel an der objektiven Zweckmäßigkeit der Entscheidung wieder zu beseitigen. Das ist selbstverständlich zulässig.

Anders, wenn man mit der h. L. unterstellt, daß bereits der subjektive Mangel die Rechtswidrigkeit der Ermessensentscheidung bewirkt. Durch nachgeschobene Gründe kann immer nur die ursprüngliche Rechtmäßigkeit eines Akts erwiesen, nicht aber nachträglich ein rechtswidriger Akt in einen rechtmäßigen verwandelt werden[43]. Eben deswegen läßt sich das Nachschieben von Gründen bei der Ermessensentscheidung mit der herrschenden Ermessenskonzeption nicht vereinbaren. Daß ein Teil der h. L. um des befriedigenden Ergebnisses willen auf einen derartigen Behelf zurückgreift, verrät Unsicherheit und mangelnde Konsequenz.

b) Inkonsequent ist auch die Behandlung, die der überwiegende Teil der h. L. dem sog. „Vorwand" bei der Ermessensentscheidung angedeihen läßt. Als „Vorwand" bezeichnet man eine vorgeschobene sachgerechte Motivation, mit der ein in Wahrheit verfolgtes, unsachliches Motiv verschleiert werden soll. So war in den schon erwähnten Wohnraumerfassungsfällen der unmittelbaren Nachkriegszeit nicht selten die politische Belastung der Wohnungsinhaber der tragende Gesichtspunkt, an dem sich die Wohnungsämter bei ihren Auswahlentscheidungen orientierten[44]. Wohnungswirtschaftliche Argumente wurden lediglich vorgeschoben und sollten die tatsächlich angewandten Auswahlkriterien

---

[43] *Obermayer*, NJW 1963, 1177 ff. (1184); *Eyermann-Fröhler*, VwGO, § 113 RN 29; *Schick*, JuS 1971, 1 ff. (9); *BayVGHE* 13 (1960) I, 105 ff. (109). A. A. und für die Möglichkeit nachträglicher Heilung durch das Nachschieben von Gründen: *Wolff*, Verwaltungsrecht I, S. 175; BVerwG, DÖV 1967, 62 f. (63).

[44] Vgl. den vom *VGH Stuttgart* entschiedenen Fall in MDR 1948, 488 ff. mit Anmerkung von *Bettermann*.

III. Vorteile einer „prozessualen" Lösung

verdecken[45]. Diese Praxis hätte vom Standpunkt der h. L. als ermessensmißbräuchlich bezeichnet werden müssen[46]. Denn wenn überhaupt die Motivation materiellrechtlich relevant sein soll, so doch wohl die wirkliche und nicht irgendeine erdachte Motivation. Da man aber einen im Ergebnis zweckmäßigen Verwaltungsakt nicht gern aufheben läßt, erklärt der überwiegende Teil der h. L. den Einwand des Vorwandes für unerheblich und stellt auf die Stichhaltigkeit der vorgeschobenen Gründe ab[47]. In der Minderheit sind diejenigen Autoren, die beim „Vorwand" einen von ihrem Ausgangspunkt folgerichtigen, nicht durch Zweckmäßigkeitserwägungen bestimmten Standpunkt einnehmen und in einem entsprechenden behördlichen Verhalten einen gerichtlicher Aufhebung unterliegenden Ermessensmißbrauch sehen[48].

In der Behandlung des Vorwandes und der nachgeschobenen Gründe durch den überwiegenden Teil der h. L. wird ganz deutlich die Tendenz sichtbar, bei der Ermessenskontrolle letztlich doch allein auf die objektive Zweckmäßigkeit abzustellen. Diese Tatsache ist die beste Bestätigung für die hier vertretene Konzeption. Das Verständnis des Ermessens als einer in concreto durch das Rechtsprinzip objektiver Zweckmäßigkeit determinierten „Wahl", als eines Sonderfalls gesetzlicher Gebundenheit, führt nicht zu unhaltbaren prozessualen Konsequenzen. Vielmehr können über die Figur der Rechtmäßigkeitsvermutung und die daraus resultierenden Anforderungen an die richterliche Überzeugungsbildung elegant und widerspruchsfrei all jene Schwierigkeiten gelöst werden, in die sich die h. L. dank eines überholten Dogmas verwickelt hat.

---

[45] Vgl. *Schlippe*, JR 1953, 212 f. (212).
[46] Zumal die gesetzesfremde Erwägung der politischen Belastung nicht nur eine subsidiäre Rolle spielte; siehe dazu oben unter § 4 III 4 a, aa bei Fußn. 58—60.
[47] So *Walter Jellinek*, Gesetz, S. 352/353; ders. Verwaltungsrecht, S. 448; *Bühler*, Die subjektiven öffentlichen Rechte, S. 205; *Krönig*, MDR 1948, 130 ff. (132); *Peters*, Verwaltungsrecht, S. 12; *Turegg-Kraus*, Verwaltungsrecht, S. 33.
[48] Dazu zählen insbesondere: *Schlippe*, JR 1953, 212 f. (213); *Felix*, Ermessensausübung im Steuerrecht, S. 74; *Nebinger*, Verwaltungsrecht Allg. Teil, S. 226; *Bachof*, SJZ 1948, 742 ff. (747).

§ 7 Ergebnis der Untersuchung und Ausblick auf die rechtliche Bedeutung der Zweckmäßigkeit im Bereich des „ius strictum"

I. Ermessen als besonderer Fall gebundenen Gesetzesvollzugs

Die vorliegende Untersuchung gelangt zu dem Ergebnis, daß die Verwaltung bei der Anwendung von Ermessensnormen rechtlich verpflichtet ist, die dem Gesetzeszweck im konkreten Einzelfall objektiv angemessenste Verhaltensalternative zu ergreifen. Zweckmäßigkeit des Verwaltungshandelns ist mit dieser Maßgabe ein Rechtsprinzip, welches zugleich das Ermessen dem Bereich des gebundenen Gesetzesvollzugs zuordnet. Die traditionelle Unterscheidung zwischen „strikt gebundenem" und „gelenktem" Gesetzesvollzug[1] läßt sich, soweit sie letzterem die Geltung des Prinzips der nur einen richtigen Entscheidung abspricht, nicht mehr aufrechterhalten.

Heißt das nun, daß auf die Technik „offener" Gesetzgebung, wie sie in der Ermessensnorm sich offenbart, verzichtet werden müßte? Wer das annimmt, mißversteht die hier entwickelte Konzeption gründlich. Die normsetzungstechnische und rechtliche Bedeutung der Ermessensnorm wird nicht geleugnet. Die abstrakt zur Verfügung gestellte Mehrheit von Verhaltensalternativen ist im Gegenteil ein unentbehrliches gesetzgeberisches Mittel, um undifferenzierte, lückenhafte und eben deswegen ungerechte Regelungen zu vermeiden[2]. Um die Technik geht es aber auch gar nicht. Vielmehr geht es um die von der h. L. gezogene Folgerung, daß mit einer derartigen Technik notwendig rechtliche Ungebundenheit im konkreten Einzelfall gepaart sei.

So gesehen liegen die Einwände, die *Schmidt-Salzer* und *Ossenbühl* gegen die Konzeption rechtlicher Gebundenheit beim Ermessen erheben[3], neben der Sache. Irrig nehmen sie an, die Technik der Ermessensnorm als solche sei bedroht und solle durch ein unübersichtliches Gestrüpp kasuistischer Tatbestandsformulierungen ersetzt werden; eine Fehldeutung, die Ossenbühl zu der Feststellung veranlaßt,

---

[1] Vgl. *Salzwedel*, VVDStRL 22, 206 ff. (219 f.); *Stern*, Ermessen, S. 19.
[2] Insoweit richtig: *Schmidt-Salzer*, VerwArch 60 (1969), 261 ff. (275).
[3] *Schmidt-Salzer*, VerwArch 60, 272 ff.; *Ossenbühl*, DÖV 1970, 84 ff. (85).

I. Ermessen als besonderer Fall gebundenen Gesetzesvollzugs

die Vorstellung einer perfekten Legalordnung sei ... „reine Metaphysik"[4]. Damit dürften die Autoren auch *Rupp* nicht richtig interpretiert haben. Die Ruppsche Ermessenskonzeption stellt nicht das äußere Erscheinungsbild der Ermessensnorm a priori, sondern allenfalls dann in Frage, wenn die Norm „so uferlos und vage formuliert ist, daß sie auch einem teleologischen Auslegungsverfahren keine Richtlinien bietet"[5]. Ansonsten setzt die von Rupp befürwortete Deutung des Ermessens als „topisch-teleologische Rechtsanwendung" den Fortbestand dieser Normsetzungstechnik gerade voraus.

Die Vorzüge alternativischer Rechtsfolgenanordnung durch den Gesetzgeber bleiben also erhalten. Nur soll sie — entgegen der h. L. — ausschließlich dem Einsatz konkretisierender *Rechts*prinzipien zugute kommen. Daß dies dem Sinn und Zweck offener Gesetzgebung durchaus entspricht, zeigen die bereits erwähnten gewerberechtlichen Bestimmungen, die zur Erreichung eines bestimmten Ordnungszustandes mehrere Eingriffsmöglichkeiten von unterschiedlicher Tragweite für den betroffenen Bürger aufführen (vgl. §§ 35 I, 24 a I, 147 III GewO). Der Grundsatz des geringsteingreifenden Mittels schließt hier von vornherein eine konkrete Wahlfreiheit aus[6] — und doch ist die alternativische Formulierung im Interesse eben dieses Grundsatzes sinnvoll und angebracht. Desgleichen verweist Schmidt-Salzer selbst auf das Rechtsprinzip der Verhältnismäßigkeit, dem bei Eingriffstatbeständen erst die „Kann-Formulierung" Geltung verschaffe[7]. Auch das erhärtet nur die These, daß die Technik der Ermessensnorm dazu dient, den Einsatz *rechtlicher* Prinzipien im konkreten Fall zu ermöglichen. Niemand also denkt daran, den § 10 Abs. 1 Nr. 2 AuslG („Ein Ausländer *kann* ausgewiesen werden, wenn ...") durch eine Mußbestimmung („Ein Ausländer *ist* auszuweisen, wenn ...") zu ersetzen; zumindest solange nicht, als die auf der Rechtsfolgeseite anzustellenden *rechtlichen* Erwägungen (insbes. des Verhältnismäßigkeitsprinzips) nicht durch unbestimmte Rechtsbegriffe auf der Tatbestandsseite völlig erfaßt sind. Was so an Hand der Prinzipien des geringsteingreifenden Mittels und der Verhältnismäßigkeit dokumentiert wurde, das trifft in letzter Konsequenz ebenso für eine verfassungskonform interpretierte optimale Zweckmäßigkeit zu: auch hier ein Rechtsprinzip, das es mit Hilfe der alternativischen Rechtsfolgenanordnung dann zu verwirklichen gilt, wenn nicht schon andere Rechtsprinzipien — vor allem also die Prinzipien *relativer* Zweckmäßigkeit — zu völliger Determination der Ermessensentscheidung geführt haben.

---

[4] *Ossenbühl*, DÖV 1970, 85.
[5] *Rupp*, Grundfragen, S. 202; ders. NJW 1969, 1273 ff. (1276).
[6] Vgl. oben § 2 III bei Fußn. 38 ff.
[7] *Schmidt-Salzer*, VerwArch 60, 273.

So paradox es der h. L. vorkommen mag: sie selbst und nicht die hier entwickelte Gegenkonzeption erweist sich als „Totengräber" des äußeren Erscheinungsbildes der Ermessensnorm. Denn schwer ins Gewicht fällt jene höchstrichterliche Rechtsprechung, wonach autonome Wahlfreiheit der Verwaltung im Grundrechtsbereich dem Rechtsstaatsgedanken widerspricht[8]. Vom Standpunkt dieser Rechtsprechung müßte — zumindest für den Bereich der Eingriffsverwaltung — schon die Technik alternativischer Rechtsfolgenformulierung abgelehnt werden, falls mit solcher Technik zwingend rechtliche Ungebundenheit der Verwaltung einherginge. Und gerade das behauptet die h. L. Vertritt man dagegen die These, daß der alternativischen Formulierung in concreto völlige rechtliche Bindung entspricht, so braucht auch bei Zugrundelegung der höchstrichterlichen Judikate die Ermessensnorm nicht „im rechtsstaatlichen Giftschrank" (!)[9] zu verschwinden.

In Verbindung mit dem oben entwickelten prozessualen Lösungsmodell sollten damit alle psychischen Hemmungen ausgeräumt sein, die die h. L. noch immer an dem überholten Dogma von der außerrechtlichen Natur des Zweckmäßigen bei der Ermessensentscheidung festhalten lassen[10]. Es bleibt zu hoffen, daß dieses Dogma möglichst bald über Bord geworfen wird.

II. Die rechtliche Bedeutung der Zweckmäßigkeit beim gebundenen Gesetzesvollzug im übrigen (ius strictum im engeren Sinne)

Die durch das Rechtsprinzip der Zweckmäßigkeit vermittelte Einordnung der Ermessensausübung in den Bereich des gebundenen Gesetzesvollzugs legt umgekehrt die Frage nahe, ob der Zweckmäßigkeit auch über das Ermessen hinaus bei der Anwendung von „ius strictum" im herkömmlichen (engeren) Sinne rechtliche Bedeutung zukommt. Nach der älteren Lehre hat es den Anschein, als bestünden insoweit unüberwindliche Gegensätze. Soll doch die Beschränkung auf die einzige Verhaltensalternative, wie sie für „ius strictum" im engeren Sinne eigentümlich ist, dazu führen, daß nunmehr die „zweckmäßige Tätigkeit in einer die Erwägung des Zweckmäßigen *ersparenden* Weise bestimmt ist"[11].

---

[8] Vgl. oben § 4 III 4 a, bb, β.
[9] Formulierung von *Ossenbühl*, DÖV 1968, 618 ff. (623).
[10] Vgl. etwa die Gründe, die *Ossenbühl* in DÖV 1970, 84 ff., 85 (rechte Spalte) daran hindern, den „Gedanken und Vorschlägen" *Rupps* zu folgen.
[11] So *Georg Jellinek*, System der subjektiven öffentlichen Rechte, S. 201; *v. Laun*, Das freie Ermessen, S. 47. Vgl. auch *Bühler*, Die subjektiven öffentlichen Rechte, S. 25.

II. Zweckmäßigkeit bei Anwendung von ius strictum i. e. S.

Diese Begriffsbestimmung verkennt indessen das Wesen der *Auslegung*, deren auch die Normen strikten Gesetzesrechts bedürfen. Nach moderner Auffassung beschränkt sich die Auslegung nicht auf streng logische Deduktion, sondern erfordert ein wertendes Verfahren mit durchaus schöpferischen Elementen[12]. Dem tragen wertbezogene Auslegungsgrundsätze Rechnung, so z. B. die Prinzipien teleologischer und verfassungskonformer Interpretation. Im Rahmen solcher Grundsätze äußert sich — nicht anders als bei der Ermessensausübung — das Rechtsprinzip der Zweckmäßigkeit. Unterschiede bestehen allenfalls in der Quantität, nicht aber in der Qualität vermittelter rechtlicher Bindung. Der in der Ermessensnorm schon rein äußerlich zutage tretenden Mehrheit von Verhaltensalternativen entspricht beim Rechtsbegriff der vom „möglichen Wortsinn" belassene „Spielraum". Ihn gilt es in der Weise auszufüllen, daß der Gesetzeszweck „soweit als möglich verwirklicht wird, zweckwidrige Entscheidungen aber vermieden werden"[13].

Die Bedeutung des Zweckmäßigkeitsprinzips für das „ius strictum" i. e. S. erweist sich vor allem dann, wenn eine echte gesetzliche Lücke (planwidrige Unvollständigkeit)[14] im Wege der „Rechtsfortbildung praeter legem" auszufüllen ist. In solchen Fällen wird das gesetzliche Mittel dem Gesetzeszweck über den möglichen Wortsinn hinaus angepaßt[15]. Die Parallele zur Ermessensausübung ist offensichtlich, da sich die Unvollständigkeit der Ermessensnorm gleichfalls als (allerdings geplante!) Lücke begreifen läßt[16]. Gerade der Vergleich von teleologischer Rechtsfortbildung und Ermessensausübung zeigt, daß hier ein und dasselbe rechtliche Prinzip wirksam ist[17].

Auch bei der Anwendung von „ius strictum" i. e. S. gilt: Es kann immer nur der engere, am Gesetzeszweck ausgerichtete Zweckmäßig-

---

[12] Vgl. *v. Hippel*, Untersuchungen zum Problem des fehlerhaften Staatsakts, S. 132 ff.; *Bachof*, JZ 1956, 590 f.; *Rupp*, Grundfragen, S. 184 ff.; *Czermak*, DÖV 1966, 750 ff. (752); *Göldner*, Verfassungsprinzip und Privatrechtsnorm, S. 63 f.

[13] *Larenz*, Methodenlehre, S. 312. Ähnlich auch *Meier-Hayoz*, Der Richter als Gesetzgeber, S. 50: „Einem verschiedener Deutung fähigen Wortlaut wird derjenige Sinn beigelegt, welcher der ratio legis am nächsten kommt."

[14] So die herrschende Definition der „Lücke" seit *Elze*, Lücken im Gesetz, S. 26. Vgl. *Canaris*, Feststellung von Lücken, S. 19 ff.; *Dahm*, Deutsches Recht, § 9 I 2 (S. 50).

[15] *Larenz*, Methodenlehre, S. 342 f., 350 ff.

[16] Vgl. oben § 4 III 4 b, aa bei Fußn. 108 f.

[17] Daß die Verwaltung zur Rechtsfortbildung praeter legem nicht befugt sei, wie offensichtlich *Jesch* in JZ 1963, 241 ff. (244 f.) meint, kann nicht angenommen werden. „Traditioneller Auffassung" (*Jesch*, JZ 1963, 245) entspricht diese These keinesfalls, da die traditionelle Lehre die teleologische Lückenfüllung als „Auslegung gegen den Wortlaut" behandelte und hierzu selbstverständlich auch die Verwaltung befugt sah. Zutreffend *Scholler*, DVBl. 1968, 409 ff. (412), der hinsichtlich zulässiger Rechtsfortbildung der Verwaltung eine „ähnliche Stellung wie der Rechtsprechung" einräumt.

keitsbegriff maßgebend sein. Soweit die bei der Auslegung häufig herangezogenen Topoi der „Praktikabilität"[18] und des „öffentlichen Interesses"[19] sich dem Maßstab gesetzeszweckmäßiger Zweckmäßigkeit unterordnen und ihn konkretisieren helfen, ist gegen ihre Verwendung nichts einzuwenden. Unzulässig dagegen, weil mit rechtsstaatlichen Prinzipien nicht zu vereinbaren, ist ihr Einsatz als „autonome", über den Grundsatz teleologischer Auslegung hinausführende Interpretationshilfe[20].

Allein der Grundsatz verfassungskonformer Auslegung ermöglicht unter Umständen eine weitergehende Zweckmäßigkeit. So zwingt insbesondere der Grundsatz der Verhältnismäßigkeit zur Rücksichtnahme auf die mit einer bestimmten Auslegung verbundenen Folgen für andere öffentliche Zwecke und Interessen[21]. Selbst praktischen Bedürfnissen der Verwaltung vermag die gebotene Orientierung am Verhältnismäßigkeitsprinzip wie auch am Sozialstaatsprinzip bis zu einem gewissen Grade Rechnung zu tragen[22].

Die rechtliche Problematik der Zweckmäßigkeit bei der Anwendung von ius strictum i. e. S. konnte im Rahmen dieser Arbeit, die speziell die Zweckmäßigkeit der Ermessensausübung betraf, nur angedeutet werden. Die wenigen Hinweise genügen jedoch, um das Bild abzurunden. Ermessensausübung ist voll und ganz in den Bereich des gebundenen Gesetzesvollzugs integriert. Wesensmäßige Unterschiede zum ius strictum i. e. S. sind nicht ersichtlich. Das Rechtsprinzip der Zweckmäßigkeit gilt hier wie dort und sorgt für konkrete rechtliche Bindung, wo immer abstrakt Spielräume bestehen mögen.

---

[18] Vgl. *Schneider*, DRiZ 1963, 302 f.; ders. MDR 1963, 461 ff. (463); *Witten*, NJW 1961, 753 ff.; *Häberle*, Öffentliches Interesse, S. 312/313 Fußn. 120, ferner S. 494; *Felix*, Festschrift für Spitaler zum 60. Geburtstag, S. 124 ff.; *Spitaler*, StbJb 1956/57, 105 ff. (115); *Riewald* in *Becker-Riewald-Koch*, AO, § 1 StAnpG Anm. 2 h (2).
Aus der Rspr.: *RFHE* 23, 309 ff. (326); 28, 95 ff. (97); BFH, BStBl. 1957 III, 329 f. (330); BVerwGE 30, 172 ff. (176).

[19] Dazu *Häberle*, Öffentliches Interesse, S. 240 ff. mit einer Fülle von Nachweisen aus der Rechtsprechung.

[20] Bedenklich daher die Auffassung von *Häberle*, wonach das öffentliche Interesse einen „selbständigen", „autonomen" Interpretationsgesichtspunkt abgebe (Öffentliches Interesse, S. 309, 311), welcher mehr leiste, „als das herkömmliche Verständnis der historischen und teleologischen Auslegungsmethode wahrhaben" könne und wolle (AöR 95, 261 ff., 273).

[21] Von daher dürfte sich der „Blick auf das Ergebnis" einer Auslegung rechtlich einfangen lassen. Vgl. zu diesem insbes. im Verfassungsrecht behandelten Problem: *Bachof* in: summum ius summa iniuria, S. 41 ff.; *Dürig*, VVDStRL 20, 115; *Ossenbühl*, DÖV 1965, 649 ff. (660); *H. H. Klein*, Bundesverfassungsgericht und Staatsraison, S. 30 ff.; *Wittig*, Der Staat 1969, 137 ff. (148 ff.).

[22] Vgl. z. B. BVerfGE 26, 16 ff. (37), wonach das Sozialstaatsprinzip im Interesse praktikabler Gesetzesdurchführung Praktikabilität und Übersichtlichkeit der gesetzlichen Regelung der Kriegsopferversorgung gebietet.

Schrifttumsverzeichnis

Achterberg, Norbert: Antinomien verfassungsgestaltender Grundentscheidungen, Der Staat 1969, 159 ff.

Bachof, Otto: Die verwaltungsgerichtliche Ermessenskontrolle, SJZ 1948, Sp. 742 ff.

— Anmerkung zu LVG Minden, Urteil vom 19. 6. 1951, DÖV 1952, 119 f.

— Der Rechtsschutz im öffentlichen Recht: gelöste und ungelöste Probleme, DÖV 1953, 417 ff.

— Begriff und Wesen des sozialen Rechtsstaates, VVDStRL 12 (1954), 37 ff.

— Beurteilungsspielraum, Ermessen und unbestimmter Rechtsbegriff im Verwaltungsrecht, JZ 1955, 97 ff.

— Ermessen und Sprachgebrauch, JZ 1956, 590 f.

— Anmerkung zu BVerwG, Urteil vom 11. 10. 1956, DVBl. 1957, 788 ff.

— Anmerkung zu OVG RhPf, Urteil vom 20. 7. 1957, JZ 1958, 290 f.

— Der Verfassungsrichter zwischen Recht und Politik, in: summum ius summa iniuria, Tübingen 1963, S. 41 ff.

— Verfassungsrecht, Verwaltungsrecht, Verfahrensrecht in der Rechtsprechung des Bundesverwaltungsgerichts, Band I, 3. Auflage, Tübingen 1966, zit. „Verfassungsrecht I"

— Die verwaltungsgerichtliche Klage auf Vornahme einer Amtshandlung, 2. Auflage, Tübingen 1968

— Anmerkung zu BVerwG, Urteil vom 16. 12. 1971, JZ 1972, 208 ff.

Badura, Peter: Auftrag und Grenzen der Verwaltung im sozialen Rechtsstaat, DÖV 1968, 446 ff.

Baumbach - Hefermehl: Wettbewerbs- und Warenzeichenrecht, 8. Auflage, München und Berlin 1960

Becker - Riewald - Koch: Reichsabgabenordnung Band I, 9. Auflage, Köln, Berlin, Bonn, München 1963

Bender, Bernd: Verhältnismäßigkeit und Vermeidbarkeit des Verwaltungshandelns, NJW 1955, 938 f.

— Allgemeines Verwaltungsrecht, 2. Auflage, Freiburg 1956

— Anmerkung zu OVG Lüneburg, Urteil vom 25. 10. 1956, DVBl. 1957, 278 ff.

Benkendorff, Gerhard: Rechtskontrolle der Verfügungen der Kartellbehörden durch die Gerichte (§ 70 Abs. 4 GWB), WuW 1958, 740 ff.

Bernatzik, Edmund: Rechtsprechung und materielle Rechtskraft, Wien 1886, zit. „Rechtsprechung"

— Rezension zur Abhandlung von Tezner „Zur Lehre von dem freien Ermessen der Verwaltungsbehörden als Grund der Unzuständigkeit der Verwaltungsgerichte", Grünhut 18 (1891), 148 ff.

Bettermann, Karl August: Anmerkung zu VGH Stuttgart, Urteil vom 21. 5. 1948, MDR 1948, 491

— Das erfolglose Vorverfahren als Prozeßvoraussetzung des verwaltungsgerichtlichen Verfahrens, DVBl. 1959, 308 ff.

— Rechtsgleichheit und Ermessensfreiheit, Der Staat 1962, 79 ff.

Brademann, Paul: Verliert die staatliche Verwaltung ihr Ermessen? BaWüVBl. 1966, 68 ff.

Breuckmann, Elmar: Handelnde Verwaltung, in: Verwaltung, hrsg. von Morstein Marx, Berlin 1965, S. 215 ff.

Bühler, Ottmar: Die subjektiven öffentlichen Rechte und ihr Schutz in der deutschen Verwaltungsrechtsprechung, Berlin, Stuttgart, Leipzig 1914

Canaris, Claus-Wilhelm: Die Feststellung von Lücken im Gesetz, Berlin 1964

Creifelds, Carl: Rechtswörterbuch, München 1968

Czermak, Fritz: Verwaltungsgerichtliche Nachprüfbarkeit der unbestimmten Rechtsbegriffe, NJW 1961, 1905 ff.

— Schul- und Prüfungsentscheidungen vor den Verwaltungsgerichten, DÖV 1961, 921 ff.

— Zum gerichtsfreien Beurteilungsspielraum im Verwaltungsrecht, JZ 1963, 276 ff.

— Was ist Verwaltungsermessen? DÖV 1966, 750 ff.

— Zur Lehre vom gerichtsfreien Beurteilungsspielraum der Verwaltungsbehörden, JuS 1968, 399 ff.

Dahlinger, Erich: Gilt der Grundsatz der Verhältnismäßigkeit auch im Bereich der Leistungsverwaltung? DÖV 1966, 818 ff.

Dahm, Georg: Deutsches Recht, 2. Auflage, Stuttgart 1963

Drews - Wacke: Allgemeines Polizeirecht, 7. Auflage, Berlin, Köln, München, Bonn 1961, zit. „Drews-Wacke"

Dürig, Günter: „Bedürfnis" und „öffentliches Interesse" als Rechtsbegriffe, JZ 1953, 535 ff.

— Art. 2 des Grundgesetzes und die Generalermächtigung zu allgemeinpolizeilichen Maßnahmen, AöR 79 (1954), 57 ff.

— Prinzipien der Verfassungsinterpretation (Aussprache), VVDStRL 20 (1963), 115

Ehmke, Horst: Ermessen und unbestimmter Rechtsbegriff im Verwaltungsrecht, in: Recht und Staat in Geschichte und Gegenwart Band 230/231, Tübingen 1960

Elze, Hans: Lücken im Gesetz, jur. Diss. Halle an der Saale 1913

Engisch, Karl: Einführung in das juristische Denken, 4. Auflage, Stuttgart 1968

Enneccerus - Nipperdey: Allgemeiner Teil des Bürgerlichen Rechts 1. Halbband, 15. Auflage, Tübingen 1959

Eppe, Franz: Subventionen und staatliche Geschenke, Stuttgart, Berlin, Köln, Mainz 1966

Erichsen, Hans-Uwe: Baudispens und Übermaßverbot, DVBl. 1967, 269 ff.

Erman: Handkommentar zum Bürgerlichen Gesetzbuch 1. Band, 4. Auflage, Münster 1967

Eyermann - Fröhler: Verwaltungsgerichtsordnung, 4. Auflage, München und Berlin 1965

Fachinger, Josef: Überschreitung und Fehlgebrauch des Verwaltungsermessens, NJW 1949, 244 ff.

Felix, Günther: Ermessensausübung im Steuerrecht, Düsseldorf 1955

— Praktikabilitätserwägungen als Auslegungsgrundsatz im Steuerrecht, in: Von der Auslegung und Anwendung der Steuergesetze, Festschrift für Spitaler zum 60. Geburtstag, Stuttgart 1958, S. 124 ff.

Fleiner, Fritz: Institutionen des Deutschen Verwaltungsrechts, 8. Auflage, Tübingen 1928

Fließbach, Wilhelm: Zum Urteil des BFH vom 25. 2. 1953, StuW 1953, Sp. 426 ff.

— Zum Beschluß des BFH vom 9. 11. 1955, StuW 1956, Sp. 267 ff.

— Zum Urteil des BFH vom 12. 6. 1957, StuW 1957, Sp. 623 ff.

— Zum Beschluß des BFH vom 11. 6. 1958, StuW 1958, 751 ff.

Forsthoff, Ernst: Lehrbuch des Verwaltungsrechts 1. Band, Allgemeiner Teil, 9. Auflage, München und Berlin 1966

Freitag, Herbert: Die reformatio in peius im Verwaltungsverfahren, VerwArch 56 (1965), 314 ff.

Friauf, Karl Heinrich: Das Verbot mit Erlaubnisvorbehalt, JuS 1962, 422 ff.

Friedrichs, Karl: Polizeiverwaltungsgesetz vom 1. Juni 1931, Berlin 1932

Fuß, Ernst-Werner: Zur richterlichen Prüfung von Gesetz und Gesetzesanwendung, Hamburger Festschrift für Friedrich Schack, Hamburg 1966, S. 11 ff.

Geiger, Willi: Bindungen der Verwaltung durch verfassungsgerichtliche und verwaltungsgerichtliche Urteile, in: Wandlungen der rechtsstaatlichen Verwaltung, Schriftenreihe der Hochschule Speyer Band 13, Berlin 1962, S. 115 ff.

Geitmann, Roland: Bundesverfassungsgericht und „offene" Normen, Berlin 1971

Germann, O. A.: Zur Problematik der Ermessensentscheide, Festgabe für Erwin Ruck, Basel 1952, S. 173 ff.

— Probleme und Methoden der Rechtsfindung, Bern 1965

Gierth, Karl: Der Anspruch auf die baurechtliche Befreiung, BaWüVBl. 1965, 129 ff.

— Anmerkung zu OVG Münster, Urteil vom 28. 1. 1966, NJW 1966, 2424 f.

Göldner, Detlef Christoph: Verfassungsprinzip und Privatrechtsnorm in der verfassungskonformen Auslegung und Rechtsfortbildung, Berlin 1969, zit. „Verfassungsprinzip und Privatrechtsnorm"

Haas, Diether: Unbestimmter Rechtsbegriff oder Ermessen? MDR 1953, 651 ff.

Häberle, Peter: Öffentliches Interesse als juristisches Problem, Bad Homburg 1970

— „Gemeinwohljudikatur" und Bundesverfassungsgericht, AöR 95 (1970), 86—125, 261—298

Hannover, Heinrich: Zur Beweislast im Verfahren auf Anerkennung als Kriegsdienstverweigerer, DVBl. 1960, 381 f.

Heidenhain, Martin: Amtshaftung und Entschädigung aus enteignungsgleichem Eingriff, Berlin 1965

Heller, Hermann: Staatslehre, Leiden 1934

Hertel, Guido: Kann man die Verwaltung vereinfachen? DöH Jg. 5 (1958 bis 1959), 145 ff.

Hettlage, Karl Maria: Über Sparsamkeit und Wirtschaftlichkeit in der Verwaltung, in: Badenhoop (Hrsg.), Wirtschaftliche öffentliche Verwaltung, Stuttgart 1961, S. 38 ff.

Hildebrandt - Demmler - Bachmann: Beamtengesetz für das Land Nordrhein-Westfalen 1.—27. Lfg. (1961), Neuwied und Berlin-Spandau

Hippel, Ernst von: Untersuchungen zum Problem des fehlerhaften Staatsakts, 2. Auflage, Berlin, Göttingen, Heidelberg 1960, zit. „Untersuchungen"

— Allgemeine Staatslehre, Berlin und Frankfurt am Main 1963

Hoffmann: Die Bedeutung des Art. 19 Abs. 4 GG für die Finanzgerichtsbarkeit, DStR 1952, 285 ff.

Hoppe, Werner: Anmerkung zu VG Münster, Urteil vom 31. 1. 1966, DVBl. 1967, 300 f.

— Das Ermessen bei der Erteilung baurechtlicher Ausnahmen und Befreiungen, DVBl. 1969, 340 ff.

Hübschmann - Hepp - Spitaler: Kommentar zur Reichsabgabenordnung, Finanzgerichtsordnung und den Nebengesetzen, 1.—5. Auflage, Köln 1951/1968

Hüttl, Adolf: Das Wirtschaftlichkeitsprinzip in der öffentlichen Verwaltung, in: 250 Jahre Rechnungsprüfung, hrsg. vom Bundesrechnungshof, Frankfurt am Main 1964, S. 205 ff.

— Wirtschaftlichkeit, in: Verwaltung, hrsg. von Morstein Marx, Berlin 1965, S. 282 ff.

Idel, Walter: Zum unbestimmten Rechtsbegriff im öffentlichen Recht, NJW 1955, 733 ff.

Isensee, Josef: Subsidiaritätsprinzip und Verfassungsrecht, Berlin 1968

— Der Fiskalbeamte — ein Fiskalprivileg, DÖV 1970, 397 ff.

Jaeger, Heinz: Zum Beurteilungsspielraum, DÖV 1966, 779 ff.

Jarosch, Roland: Die Prüfung unbestimmter Rechtsbegriffe durch die Verwaltungsgerichte, DVBl. 1954, 521 ff.

Jellinek, Georg: Allgemeine Staatslehre, 3. Auflage, 6. Neudruck, Darmstadt 1959

— System der subjektiven öffentlichen Rechte, 2. Auflage, 2. Nachdruck, Darmstadt 1963, zit. „System"

Jellinek, Walter: Gesetz, Gesetzesanwendung und Zweckmäßigkeitserwägung, Tübingen 1913, zit. „Gesetz"

— Verwaltungsrecht, 3. Auflage, Berlin 1931

Jesch, Dietrich: Unbestimmter Rechtsbegriff und Ermessen in rechtstheoretischer und verfassungsrechtlicher Sicht, AöR 82 (1957), 163 ff.

— Zulässigkeit gesetzesvertretender Verwaltungsverordnungen? AöR 84 (1959), 74 ff.

— Besprechung zu Ehmke, Ermessen und unbestimmter Rechtsbegriff im Verwaltungsrecht, AöR 86 (1961), 491 ff.

— Auslegung gegen den Wortlaut und Verordnungsgebung contra legem? JZ 1963, 241 ff.

Jhering, Rudolf von: Der Zweck im Recht 1. Band, 3. Auflage, Leipzig 1893

Jöhr, Eduard: Die verwaltungsgerichtliche Überprüfung des administrativen Ermessens, Aarau 1931

Kaufmann, Erich: Art. Verwaltung, Verwaltungsrecht, in: Stengel-Fleischmann, Wörterbuch des Deutschen Staats- und Verwaltungsrechts 3. Band, 2. Auflage, Tübingen 1914, S. 688 ff.

Kellner, Hugo: Zum Beurteilungsspielraum, DÖV 1962, 572 ff.

— Der sogenannte Beurteilungsspielraum in der verwaltungsgerichtlichen Prozeßpraxis, NJW 1966, 857 ff.

— Einiges zum behördlichen Ermessen, DÖV 1969, 309 ff.

Kelsen, Hans: Hauptprobleme der Staatsrechtslehre, Nachdruck der 2. Auflage von 1923, Aalen 1960

Klein, Hans H.: Einschränkung von Grundrechten durch Ermessensentscheidungen, DÖV 1964, 658 ff.

— Bundesverfassungsgericht und Staatsraison, Frankfurt am Main, Berlin 1968

Klein, Karl Heinz: Die öffentlichrechtliche Assessorarbeit, JuS 1962, 349 ff., 1963, 185 ff., 233 ff., 277 ff., 438 ff., 480 ff.

Klein, Rüdiger: Die Kongruenz des verwaltungsgerichtlichen Ermessens und des Bereichs rechtlicher Mehrdeutigkeit, AöR 82 (1957), 75 ff.

Klinger, Hans: Kommentar zur Verwaltungsgerichtsordnung, 2. Auflage, Göttingen 1964

Köhler, Karl-Heinz von: Rechtsstaat und Opportunitätsprinzip, DÖV 1956, 744 ff.

— Das Kartellverbot als Schranke und Inhaltsbegrenzung des Eigentums, DVBl. 1958, 635 ff.

König, Hans-Günther: Allgemeines Sicherheits- und Polizeirecht in Bayern, Köln, Berlin, Bonn, München 1962

Kollmann, Ottmar: Verwaltung und Verwaltungsgerichtsbarkeit, DÖV 1955, 45 ff.

Kopp, Ferdinand O.: Grenzen der richterlichen Nachprüfung wertender Entscheidungen der Verwaltung, DÖV 1966, 317 ff.

Korbmacher, Günther: Ermessen — unbestimmter Rechtsbegriff — Beurteilungsspielraum, DÖV 1965, 696 ff.

Krauss, Rupprecht von: Der Grundsatz der Verhältnismäßigkeit, Hamburg 1955

Krönig, Ernst: Verwaltungsgerichtliche Nachprüfung von Ermessensentscheidungen, MDR 1948, 130 ff.

Krüger, Herbert: Rechtsverordnung und Verwaltungsanweisung, Festgabe für Rudolf Smend, Göttingen 1952, S. 211 ff.

— Die Auflage als Instrument der Wirtschaftsverwaltung, DVBl. 1955, 380 ff., 450 ff., 518 ff.

— Rechtsstaatliche Gesetzgebungstechnik, DÖV 1956, 550 ff.

— „Verbot mit Erlaubnisvorbehalt" und „Gewährung mit Auslesevorbehalt", DÖV 1958, 673 ff.

— Allgemeine Staatslehre, 2. Auflage, Stuttgart, Berlin, Köln, Mainz 1966

Kühn, Rolf: Abgabenordnung, Finanzgerichtsordnung (Allgemeines Steuerrecht), 8. Auflage, Stuttgart 1966

Kunze, Richard: Sachgerechtigkeit, in: Verwaltung, hrsg. von Morstein Marx, Berlin 1965, S. 229 ff.

Laband, Paul: Das Staatsrecht des Deutschen Reiches 2. Band, 4. Auflage, Tübingen und Leipzig 1901, 5. Auflage, Tübingen 1911

Landmann - Rohmer - Eyermann - Fröhler: Gewerbeordnung 1. Band, 12. Auflage, 8. Lfg., München 1969

Langen, Eugen: Kommentar zum Kartellgesetz, 3. Auflage, Neuwied 1958

Larenz, Karl: Lehrbuch des Schuldrechts II. Band, 9. Auflage, München 1968

— Methodenlehre der Rechtswissenschaft, 2. Auflage, Berlin, Heidelberg, New York 1969

Laun, Rudolf von: Das Recht zum Gewerbebetrieb, Wien und Leipzig 1908

— Das freie Ermessen und seine Grenzen, Leipzig und Wien 1910, zit. „Das freie Ermessen"

— Bemerkungen zum freien Ermessen und zum détournement de pouvoir im staatlichen und im Völkerrecht, Festschrift für H. Kraus, Kitzingen 1954, S. 128 ff.

Leisner, Walter: Öffentlichkeitsarbeit der Regierung im Rechtsstaat, Berlin 1966

— Effizienz als Rechtsprinzip, Tübingen 1971

Lerche, Peter: Artikel „Ermessen", in: Staatslexikon Recht, Wirtschaft, Gesellschaft 3. Band, 6. Auflage, Freiburg 1959

— Übermaß und Verfassungsrecht, Köln, Berlin, München, Bonn 1961

— Rechtsprobleme der wirtschaftslenkenden Verwaltung, DÖV 1961, 486 ff.

Loening, Hellmuth: Die gesetzliche Koppelung von unbestimmtem Rechtsbegriff und Ermessenstatbestand bei der Versagung und Entziehung von Begünstigungen, DVBl. 1952, 197 ff., 235 ff.

Loewer, Albrecht: Zum Gutachten des BFH vom 17. 4. 1951, StuW 1951, Sp. 729 ff.

Löwer, Kurt: Widerspruchsbefugnis und Zweckmäßigkeitsnachprüfung im verwaltungsgerichtlichen Vorverfahren, MDR 1965, 92 ff.

Loppuch, Siegfried: Die ungerechte Verwaltungsentscheidung als fehlerhafter Verwaltungsakt, DÖV 1952, 111 ff.

Lüke, Gerhard: Grundsätze des Verwaltungsprozesses, JuS 1961, 41 ff.

Luhmann, Niklas: Kann die Verwaltung wirtschaftlich handeln? VerwArch 51 (1960), 97 ff.

— Recht und Automation in der öffentlichen Verwaltung, Schriftenreihe der Hochschule Speyer Band 29, Berlin 1966

Mattern - Meßmer: Reichsabgabenordnung, Bonn 1964

Maunz - Dürig - Herzog: Grundgesetz Band I, Lieferung 1—11, München 1970

Mayer, Franz: Das Opportunitätsprinzip in der Verwaltung, Schriftenreihe der Hochschule Speyer Band 14, Berlin 1963, zit. „Opportunitätsprinzip"

Mayer, Otto: Deutsches Verwaltungsrecht 1. Band, 1. Auflage, Leipzig 1895; 3. Auflage, München und Leipzig 1924

Meder, Götz: Das Prinzip der Rechtmäßigkeitsvermutung, Berlin 1970

— Verwaltungsermessen und Rechtssatzkontrolle, DVBl. 1970, 857 f.

Meier-Hayoz, Arthur: Der Richter als Gesetzgeber, Zürich 1951

Menger, Christian-Friedrich: System des verwaltungsgerichtlichen Rechtsschutzes, Tübingen 1954

— Höchstrichterliche Rechtsprechung zum Verwaltungsrecht, VerwArch 51 (1960), 64 ff.; 54 (1963), 198 ff.

Menger - Erichsen: Höchstrichterliche Rechtsprechung zum Verwaltungsrecht, VerwArch 57 (1966), 270 ff.; 59 (1968), 167 ff.

Merkl, Adolf: Allgemeines Verwaltungsrecht, Wien und Berlin 1927

Messmer, Kurt: Unbestimmter Rechtsbegriff und Ermessen bei Stundung und Billigkeitsmaßnahmen gem. § 131 AO, StuW 1960, 171 ff.

Meyer, Klaus: Zur Problematik der unbestimmten Begriffe in der Rechtsprechung der Verwaltungsgerichte, DÖV 1954, 368 ff.

— Betrachtungen über die Verwaltung aus der Sicht der Rechtsprechung, DÖV 1969, 162 ff.

Meyer - Anschütz: Lehrbuch des Deutschen Staatsrechts, 7. Auflage, München, Leipzig 1919

Morstein Marx, Fritz: Einführung in die Bürokratie, Neuwied 1959

— Amerikanische Verwaltung, Schriftenreihe der Hochschule Speyer Band 15, Berlin 1963

— Das Dilemma des Verwaltungsmannes, Schriftenreihe der Hochschule Speyer Band 26, Berlin 1965

— Verwaltung, hrsg. von Morstein Marx, Berlin 1965

Müller, Horst Joachim: Das Ermessen in der Rechtsprechung des Bundesverfassungsgerichts, DÖV 1969, 119 ff.

Müller - Gries: Kommentar zum Gesetz gegen Wettbewerbsbeschränkungen (Kartellgesetz), Frankfurt 1958

Müller - Heidelberg - Clauss: Das niedersächsische Gesetz über die öffentliche Sicherheit und Ordnung, 2. Auflage, Hannover 1956

Müller - Henneberg - Schwartz: Gesetz gegen Wettbewerbsbeschränkungen und Europäisches Kartellrecht, Gemeinschaftskommentar, 2. Auflage, Köln—Berlin—Bonn—München 1963, zit. „Gemeinschaftskommentar zum GWB"

Mussgnug, Reinhard: Der Dispens von gesetzlichen Vorschriften, Heidelberg 1964

Mutius, Albert von: Das Widerspruchsverfahren der VwGO als Verwaltungsverfahren und Prozeßvoraussetzung, Berlin 1969

Nake, K.: Das Berufungsverfahren in steuerlichen Beschwerdesachen, BB 1951, 819 f.

Nebinger, Robert: Verwaltungsrecht Allgemeiner Teil, 2. Auflage, Stuttgart 1949

— „Asthma", DÖV 1953, 626 ff.

Obermayer, Klaus: Das Verhaltensermessen der Verwaltungsbehörden, NJW 1963, 1177 ff.

— Grundzüge des Verwaltungsrechts und des Verwaltungsprozeßrechts, Stuttgart, München, Hannover 1964

von Oppen: Rätselraten um § 2 Abs. 2 StAnpG, StuW 1951, Sp. 687 ff.

Ossenbühl, Fritz: Probleme und Wege der Verfassungsauslegung, DÖV 1965, 649 ff.

— Verwaltungsvorschriften und Grundgesetz, Bad Homburg, Berlin, Zürich 1968

— Tendenzen und Gefahren der neueren Ermessenslehre, DÖV 1968, 618 ff.

— Ermessen, Verwaltungspolitik und unbestimmter Rechtsbegriff, DÖV 1970, 84 ff.

Oswald, Franz: Zur Problematik des § 2 Abs. 2 StAnpG, StuW 1952, Sp. 635 ff.

— Nochmals: Zur Problematik des § 2 Abs. 2 StAnpG, StuW 1955, Sp. 725 ff.

Palandt: Bürgerliches Gesetzbuch, 30. Auflage, München 1971, zit. „Palandt-Thomas"

Paulick, Heinz: Steuervereinbarungen und Vergleiche im Steuerrecht — BVerwGE 8, 329, JuS 1966, 21 ff.

Peters, Hans: Lehrbuch der Verwaltung, Berlin, Göttingen, Heidelberg 1949

— Verwaltung ohne gesetzliche Ermächtigung? Festschrift für Hans Huber, Bern 1961, S. 206 ff.

Pfennig, Gerhard: Organisations- und Wirtschaftlichkeitsprüfungen als Aufgabe der Rechnungshöfe, DVBl. 1966, 841 ff.

Pietzonka: Der unbestimmte Rechtsbegriff im Verwaltungsrecht, NJW 1954, 1865 ff.

Plog - Wiedow: Kommentar zum Bundesbeamtengesetz, 2. Auflage, nach dem Stand von April 1971

Redeker, Konrad: Fragen der Kontrolldichte verwaltungsgerichtlicher Rechtsprechung, DÖV 1971, 757 ff.

Redeker / von Oertzen: Verwaltungsgerichtsordnung, 3. Auflage, Stuttgart, Berlin, Köln, Mainz 1969

Reuss, Hermann: Das Ermessen, DVBl. 1953, 585 ff.

— Der unbestimmte Rechtsbegriff, DVBl. 1953, 649 ff.

— Anmerkung zu VGH Freiburg, Urteil vom 30. 7. 1953, und zu VGH Stuttgart, Urteil vom 16. 1. 1953, DÖV 1954, 55 ff.

— Anmerkung zu BVerwG, Urteil vom 10. 3. 1954, DÖV 1954, 535 ff.

— Das Prestige der Verwaltungsgerichtsbarkeit, DVBl. 1959, 265 ff.

— Die Verwaltung im Rechtsstaat, DÖV 1967, 217 ff.

Rupp, Hans Heinrich: Grundfragen der heutigen Verwaltungsrechtslehre, Tübingen 1965

— Das Urteil des Bundesverfassungsgerichts zum Sammlungsgesetz — eine Wende in der Grundrechtsinterpretation des Art. 2 Abs. 1 GG? NJW 1966, 2037 ff.

— Ermessensspielraum und Rechtsstaatlichkeit, NJW 1969, 1273 ff.

Salzwedel, Jürgen: Staatsaufsicht in der Verwaltung, VVDStRL 22 (1965), 206 ff.

Scheerbarth, Walter: Das allgemeine Bauordnungsrecht, 2. Auflage, Köln 1966

— Anmerkung zu VG Münster, Urteil vom 31. 1. 1966, DVBl. 1967, 301 ff.

Scheuner, Ulrich: Zur Frage der Grenzen der Nachprüfung des Ermessens durch die Gerichte, VerwArch 33 (1928), 68 ff.

— Die staatliche Intervention im Bereich der Wirtschaft, VVDStRL 11 (1954), 1 ff., 147 ff.

Schick, Walter: Notwendigkeit und Funktion der Begründung bei Verwaltungsakten, JuS 1971, 1 ff.

Schiedermair, Rudolf: Widerspruchs- und Aufsichtsverfahren, BayVbl. 1961, 357 ff.

Schleberger, Erwin: Das Polizei- und Ordnungsrecht des Landes Nordrhein-Westfalen, Siegburg 1967

Schlippe, Karl: Das Problem des Vorwands im Verwaltungsrecht, JR 1953, 212 f.

Schmatz, Hans Peter: Die Grenzen des Opportunitätsprinzips im heutigen deutschen Polizeirecht, Berlin 1966, zit. „Opportunitätsprinzip"

Schmidt, Walter: Gesetzesvollziehung durch Rechtsetzung, Bad Homburg, Berlin, Zürich 1969

— Die Gleichheitsbindung an Verwaltungsvorschriften — BVerwGE 34, 278, JuS 1971, 184 ff.

Schmidt-Salzer, Joachim: Der Beurteilungsspielraum der Verwaltungsbehörden, Berlin 1968

— Die normstrukturelle und dogmatische Bedeutung der Ermessensermächtigungen, VerwArch 60 (1969), 261 ff.

Schmidt-Salzer, Joachim: Anmerkung zu OVG Lüneburg, Urteil vom 25. 11. 1968, DVBl. 1970, 184 ff.
— Anmerkung zu BVerwG, Urteil vom 16. 12. 1971, DVBl. 1972, 388 ff.
Schneider, Egon: Die Methode der Rechtsfindung, MDR 1963, 99 f., 180 ff., 276 ff., 368 f., 461 ff., 555 ff., 646 ff.
— Zum Inhalt des „Grundsatzes der Praktikabilität", DRiZ 1963, 302 f.
Scholler, Heinrich: Selbstbindung und Selbstbefreiung der Verwaltung, DVBl. 1968, 409 ff.
Schrödter, Hans: Bundesbaugesetz, 2. Auflage, Berlin 1969
Schuegraf, Elmar: Freistellung vom Anschluß- und Benutzungszwang in der gemeindlichen Müllabfuhr, BayVBl. 1966, 416 ff.
Schweiger, Karl: Der „gebildete Durchschnittsmensch" und der unbestimmte Rechtsbegriff, DVBl. 1968, 481 ff.
Seydel, Max von: Bayerisches Staatsrecht 3. Band, 2. Auflage, Freiburg und Leipzig 1896
Simon, Alfons: Anmerkung zu BVerwG, Beschluß vom 29. 10. 1968, BayVBl. 1969, 100 f.
Simon, Herbert A.: Das Verwaltungshandeln, Stuttgart 1955
Soergel - Siebert: Bürgerliches Gesetzbuch Band 3, Schuldrecht II, 10. Auflage, Stuttgart, Berlin, Köln, Mainz 1969, zit. „Soergel-Siebert-Glaser"
Spitaler, Armin: Das Ermessen der Finanzbehörden und seine richterliche Kontrolle, StbJb 1950, 75 ff.
— Beiträge zur steuerrechtlichen Auslegungslehre, StbJb 1956/57, 105 ff.
Stahl, Friedrich Julius: Die Philosophie des Rechts 2. Band 2. Abteilung, 5. Auflage, Tübingen und Leipzig 1878
Stein, Ekkehart: Die Wirtschaftsaufsicht, Tübingen 1967
Steindorff, Ernst: Die Nichtigkeitsklage im Recht der Europäischen Gemeinschaft für Kohle und Stahl, Frankfurt 1952, zit. „Nichtigkeitsklage"
Stengel, Karl Freiherr von: Lehrbuch des Deutschen Verwaltungsrechts, Stuttgart 1886
Stern, Klaus: Ermessen und unzulässige Ermessensausübung, Berlin 1964
Stich, Rudolf: Das Verwaltungshandeln, JuS 1964, 333 ff., 381 ff.
Tezner, Friedrich: Über das freie Ermessen der Verwaltungsbehörden als Grund der Unzuständigkeit der Verwaltungsgerichte, Grünhut 19 (1892), 327 ff.
— Das détournement de pouvoir und die deutsche Rechtsbeschwerde, JöR V (1911), 67 ff.
— Das freie Ermessen der Verwaltungsbehörden, Leipzig und Berlin 1924
Thiel - Frohberg: Garagenbaurecht der Bundesländer (Kommentar zur RGaO), 2. Auflage, Düsseldorf 1965
Thieme, Werner: Verwaltungslehre, Köln, Berlin, Bonn, München 1967
Tipke - Kruse: Reichsabgabenordnung Band I und II, 2.—4. Auflage, Köln 1965/1969

Tschira/Schmitt Glaeser: Grundriß des Verwaltungsprozeßrechts, Stuttgart 1970

Turegg - Kraus: Lehrbuch des Verwaltungsrechts, 4. Auflage, Berlin 1962

Ule, Carl Hermann: Zur Anwendung unbestimmter Rechtsbegriffe im Verwaltungsrecht, Gedächtnisschrift für W. Jellinek, München 1955, S. 309 ff.

— Verwaltungsprozeßrecht, 4. Auflage, München und Berlin 1966

Ule - Rasch: Allgemeines Polizei- und Ordnungsrecht, Köln, Berlin, Bonn, München 1965

Wagener, Frido: Neubau der Verwaltung, Schriftenreihe der Hochschule Speyer Band 41, Berlin 1969

Weber, Max: Wirtschaft und Gesellschaft 1. Halbband, 4. Auflage, hrsg. von Johannes Winckelmann, Tübingen 1956, zit. „WuG"

Weides, Peter: Verwaltungsakt und Widerspruchsbescheid in der öffentlichrechtlichen Arbeit, JuS 1964, 62 ff., 112 ff., 275 ff., 314 ff., 446 ff., 483 ff.

Willigmann, Klaus: Gerichtskontrolle des polizeilichen Ermessens beim Zusammentreffen von Handlungs- und Zustandshaftung, DVBl. 1965, 761 ff.

Wittig, E.: Die Zulässigkeit des Verwaltungsrechtswegs und die Praktikabilität des Grundgesetzes, NJW 1961, 753 ff.

Wittig, Peter: Politische Rücksichten in der Rechtsprechung des Bundesverfassungsgerichts, Der Staat 1969, 137 ff.

Wolf, Ernst: Die Nachprüfbarkeit des wichtigen Grundes durch das Bundesarbeitsgericht, NJW 1961, 8 ff.

Wolff, Hans Julius: Verwaltungsrecht I, 7. Auflage, München 1968; Verwaltungsrecht II, 2. Auflage, München und Berlin 1967; Verwaltungsrecht III, 2. Auflage, München und Berlin 1967

Zippelius, Reinhold: Allgemeine Staatslehre, München 1969

Zweigert, Kurt: Das neue Kartellgesetz, Köln—Berlin 1959

Printed by Libri Plureos GmbH
in Hamburg, Germany